POR QUE SOMOS CATÓLICOS

TRENT HORN

POR QUE SOMOS CATÓLICOS

As razões que nos levam a ter fé, esperança e amor

Tradução
Daniela Belmiro

© 2023 - Trent Horn
Direitos em língua portuguesa para o Brasil:
Matrix Editora
www.matrixeditora.com.br
/MatrixEditora | @matrixeditora | /matrixeditora

Publicado sob licença da Catholic Answers, Inc.

Diretor editorial
Paulo Tadeu

Capa, projeto gráfico e diagramação
Patricia Delgado da Costa

Tradução
Daniela Belmiro

Revisão
Adriana Wrege
Silvia Parollo

CIP-BRASIL - CATALOGAÇÃO NA PUBLICAÇÃO
SINDICATO NACIONAL DOS EDITORES DE LIVROS, RJ

Horn, Trent
Por que somos católicos / Trent Horn ; tradução Daniela Belmiro. - 1. ed. - São Paulo: Matrix, 2023.
224 p.; 23 cm.

Tradução de: Why we're Catholic: our reasons for faith, hope, and love

ISBN 978-65-5616-386-4

1. Igreja Católica - Apologética. 2. Igreja Católica - Doutrinas. I. Belmiro, Daniela. II. Título.

23-86119

CDD: 230.2
CDU: 2-72-1:272

Meri Gleice Rodrigues de Souza - Bibliotecária - CRB-7/6439

Sumário

Prefácio 9

Introdução
Por que acreditamos… no que quer que seja 11

PARTE 1: VERDADE E DEUS
Por que acreditamos na verdade 15
Por que acreditamos na ciência 22
Por que acreditamos em um Criador 28
Por que acreditamos em Deus 36
Por que acreditamos que Deus vence o mal 42

PARTE 2: JESUS E A BÍBLIA
Por que acreditamos em Jesus... 51
Por que acreditamos na Ressurreição 59
Por que acreditamos na Trindade 67
Por que acreditamos na Bíblia 73
Por que não somos cristãos adeptos da doutrina "somente Bíblia"? 81

PARTE 3: A IGREJA E OS SACRAMENTOS

Por que pertencemos à Igreja Católica 89

Por que temos um papa 97

Por que temos padres 104

Por que vamos à missa 111

Por que batizamos os bebês 118

PARTE 4: SANTOS E PECADORES

Por que acreditamos, apesar dos escândalos 125

Por que acreditamos que a fé opera por meio da caridade 132

Por que acreditamos no Purgatório 140

Por que rezamos para os santos 146

Por que honramos a Maria 153

PARTE 5: MORALIDADE E DESTINO

Por que protegemos a vida 159

Por que valorizamos a nossa sexualidade 168

Por que defendemos o casamento 177

Por que acreditamos que existe um inferno 186

Por que temos esperança de ir para o céu 193

Orações católicas mais comuns 203

Notas 205

Para

Paróquia de Santa Theresa
Phoenix - Arizona

PREFÁCIO PARA A EDIÇÃO BRASILEIRA

Por Alexandre Borges, escritor e analista político
com passagens pela CNN Brasil e Jovem Pan News

Por volta das três da manhã, os apóstolos estavam aterrorizados com o mar revolto e os ventos da Galileia. De repente, um vulto se aproxima caminhando pelas águas e eles pensam ser um fantasma. Jesus responde: "Não tenham medo! Coragem, sou eu!" (Mateus 14, 27). Desde então, a vida do cristão é navegar em mares agitados, enquanto o Salvador estende a mão e pede firmeza na travessia. Este livro é uma maneira de Jesus ajudar você nessa viagem.

Trent Horn, o autor, uma das estrelas mais brilhantes da apologética de sua geração, chegou ao catolicismo já adulto. Filho de pai judeu e mãe protestante, foi inicialmente recusado numa escola católica. As freiras acharam que ele não se tornaria um fiel e estudar nessa escola seria desperdício para todos. A mãe insistiu e ele acabou aceito. A vida tem suas ironias. Sua conversão foi fruto de muita pesquisa, reflexão e anos como agnóstico até chegar ao cristianismo e ao catolicismo, sua morada final. Horn encontrou na Igreja fundada por Jesus as respostas que sua alma precisava na própria caminhada sobre as águas. A essência desse conhecimento ele divide com você agora.

Seu trabalho se tornou mais conhecido quando se juntou ao *Catholic Answers* (Respostas Católicas), organização sem fins lucrativos fundada em 1979 por Karl Keating, descrito como "o maior apostolado leigo de apologética e evangelização católica nos Estados Unidos". Dona do site catholic.com e produtora do popularíssimo programa de rádio *Catholic Answers Live*, transmitido pela rede EWTN, é um oásis de produção de conteúdo católico da mais alta qualidade nos dias atuais.

A ONG nasceu quando Karl Keating recebeu, em San Diego (Califórnia), um panfleto de uma igreja protestante fundamentalista com ataques anticatólicos. Ele sentiu o chamado e passou a produzir respostas que batizou de "Catholic Answers". A receptividade dos panfletos de Keating foi a semente para o nascimento da organização homônima.

Em *Por que somos católicos*, Trent Horn constrói um edifício argumentativo sólido e acessível sobre a fé com o melhor do estilo que ele chama de "funil", em que parte de uma premissa mais geral até levar o leitor a uma conclusão técnica, com raízes socráticas que beira a perfeição.

Conheci o livro em 2019, presente de uma amiga brasileira que mora nos Estados Unidos. Desde então, mergulhei no vasto oceano intelectual do Catholic Answers que inclui, além de Trent Horn, o genial Jimmy Akin e outros craques, como Tim Staples, Joe Heschmeyer e Karlo Broussard.

Para o público brasileiro, "maior país católico do mundo", do Cristo Redentor e até do Carnaval, festa que termina no início da quaresma, esta obra chega na hora certa. Com opções políticas equivocadas nas últimas décadas, o catolicismo brasileiro acabou abrindo caminho para o crescimento exponencial do neopentecostalismo, uma tendência que está longe de arrefecer. Não que se deva temer ou tremer com a crise atual. Em 1969, o então padre Joseph Ratzinger, futuro Papa Bento XVI, previu que a igreja católica diminuiria em tamanho nos anos seguintes, mas cresceria em santidade e seria purificada no processo. Que a leitura deste livro seja útil na caminhada dos católicos brasileiros em busca da santidade.

Quando Jesus pediu aos apóstolos para não terem medo na tempestade, Pedro responde: "Se é realmente o Senhor, ordene que eu vá caminhando sobre as águas até onde está!" (Mateus 14, 28). Jesus manda que ele vá ao seu encontro e o primeiro papa inicia o percurso pelas águas, mas o vento forte e as ondas assustam o santo padre, que começa a afundar. "Senhor, salva-me!", grita. O filho de Deus estende a mão e segura Pedro, mas com uma reprimenda: "Como é pequena a sua fé! Por que você duvidou?" (Mateus 14, 31). Jesus entra no barco e a tempestade se acalma, para espanto geral. Dois mil anos depois, você não tem mais como se surpreender com o efeito de estar no mesmo barco que Jesus. Apenas segure nas mãos dele e boa viagem.

INTRODUÇÃO

POR QUE ACREDITAMOS... NO QUE QUER QUE SEJA

Lá estava eu, sentado à mesa de um restaurante em San Diego, à espera do que seria o equivalente religioso de um "encontro às escuras". Algumas semanas antes, um casal de amigos católicos havia me pedido que fosse conversar com o filho deles, que viera da faculdade para passar alguns dias na casa dos pais. Meus amigos queriam que eu falasse com o rapaz depois de ele ter lhes dito que não iria mais à igreja com a família porque havia se tornado ateu. E me pediram:

– Você pode ajudar a fazê-lo perceber que precisa voltar a frequentar a igreja? Você pode ajudá-lo a superar essa história de ateísmo?

E logo o filho deles, que vou chamar aqui de Vincent, entrou no restaurante. Eu ergui uma das mãos, e ele se esforçou para esboçar um meio-sorriso antes de sentar-se à mesa.

– E aí? – cumprimentou.

– Tudo bem. Eu sou o Trent.

– É, eu sei.

Eu não tinha esperança de que aquilo fosse correr muito bem e, para ser franco, conseguia entender a falta de entusiasmo de Vincent diante da perspectiva de almoçar comigo. E foi por isso que decidi simplesmente ser honesto com ele.

– Você acha que eu vim aqui para convencê-lo a voltar a ser católico?

– Claro, por isso que os meus pais ficaram insistindo para eu vir encontrar você – foi a resposta dele.

– Bom, eu não acho que possa dizer algo que faça você mudar aquilo em que acredita. Só penso que o seu motivo para ter uma crença deve ser achar que ela é verdadeira, e não por ser algo conveniente para você. Isso faz sentido, do seu ponto de vista?

Ele fez que sim com a cabeça.

– Nós podemos fazer o seguinte: que tal você só me explicar por que é ateu?

– Eu sei que é autor de um livro sobre ateísmo, não vou debater esse assunto com você – rebateu Vincent.

– Eu não pretendo entrar em nenhum debate por cima de uma travessa de palitos de muçarela frita – respondi. – Estou querendo entender no que você acredita, só isso.

E, assim, eu passei os vinte minutos seguintes fazendo perguntas a Vincent: "O que você quer dizer com o termo 'ateu'? Quais são os melhores argumentos pró e contra a ideia de Deus? Quais são os piores? Quais são os pontos positivos e negativos da Igreja Católica, na sua opinião?"

Quando as entradas começaram a ser servidas, nós já estávamos envolvidos em uma discussão proveitosa. Eu ofereci contrapontos delicados a algumas das crenças ateístas expostas por ele, mas, como havia prometido, não transformei a coisa em debate. Nós éramos só dois sujeitos tendo uma conversa profunda.

Enquanto mergulhava minha *quesadilla* numa tigela de *salsa*, eu disse a Vincent:

– Acho que estou conseguindo perceber por que você é ateu, e, para falar a verdade, eu gosto de conversar com pessoas assim. Você refletiu bastante sobre esse assunto, e, se eu estiver enganado sobre o ateísmo, gostaria que alguém como você me mostrasse os pontos que entendi mal.

– Valeu – disse ele, em resposta.

– Mas isto aqui é uma via de mão dupla, Vincent. Seja franco comigo. Caso você estivesse enganado sobre a Igreja Católica, iria querer que alguém como eu apontasse as suas visões equivocadas?

O rapaz tomou um gole do seu refrigerante enquanto ponderava sobre a minha pergunta, até que por fim falou:

– É, eu estaria aberto a isso.

– Tudo bem, então. Eu passei um bom tempo lhe fazendo perguntas, e agora é a sua vez. Por que você não me questiona sobre as crenças dos católicos, para que eu lhe explique por que nós acreditamos nas coisas em que acreditamos? Você então vai poder aceitar minhas motivações ou não, mas acho que seus pais vão ficar satisfeitos em saber que pelo menos nós conversamos sobre elas.

Vincent concordou com essa ideia, e nós seguimos na conversa por mais uma hora.

Quando trouxeram a conta, ele me falou:

– Obrigado pelos pontos de vista que você me mostrou. Com certeza, eu vou pensar no assunto.

– E eu vou pensar sobre as coisas que você me disse – respondi. – Lembre que é sempre uma via de mão dupla.

UM DESEJO COMUM

Eu não vejo pessoas que se afastaram da Igreja Católica ou que não sejam católicas como "clientes" em potencial. Elas são só pessoas. Pessoas com coisas que amam e coisas que detestam. Pessoas que podem divergir de mim em muitos aspectos, mas que com certeza têm uma coisa em comum comigo: elas não querem ser ignorantes e desejam ser felizes. Eu me tornei católico quando estava no ensino médio porque: 1) eu achava que os ensinamentos eram verdadeiros; e 2) encontrar respostas para as minhas questões existenciais mais profundas e ter um senso de propósito fazia com que eu me sentisse feliz.

Teria sido egoísta da minha parte guardar para mim mesmo a paz e a alegria que o catolicismo traz, e é por isso que eu partilho a boa nova com outras pessoas. O objetivo que tenho com este livro é simples: eu quero explicar por que os católicos acreditam nas coisas em que acreditam. Não enumerei aqui *todas* as explicações que me ocorrem, porque acho que a maioria dos leitores não iria querer um livro tão grosso que pudesse servir como banquinho de apoio na casa deles. Em vez disso, resolvi apresentar só os motivos que tiveram maior impacto para mim durante a minha conversão para a fé católica.

Se você é católico, este livro poderá lhe proporcionar um ótimo ponto de partida para conversas com amigos ou familiares que não sejam católicos. Caso o catolicismo não seja a sua religião, eu espero que pelo menos você se disponha a me ouvir, como Vincent o fez. E, mesmo que os argumentos aqui apresentados não o convençam, eles devem ajudar a facilitar conversas mais ponderadas com amigos e familiares católicos, porque você terá um entendimento melhor do ponto de vista deles.

Quem quer que você seja, quer pratique uma religião, quer seja um cético ou não saiba muito bem em que acreditar, eu espero que no mínimo este livro seja um estímulo para seguir o que manda o velho lema da sabedoria popular: "Experimente de tudo, guarde para si o que for bom"[1].

PARTE 1

VERDADE E DEUS

POR QUE ACREDITAMOS NA VERDADE

Quando há alguém caminhando em sua direção com os punhos cerrados, é normal ser tomado por uma sensação de nervosismo. Quando eu vi um estudante se aproximando de mim dessa maneira no *campus* de uma universidade no Texas, eu temi pelo pior. Felizmente, ele só queria me bater usando palavras.

Depois que eu encerrei minha palestra chamada "Por que ser católico?", ele me abordou para dizer:

– Você é uma das pessoas mais arrogantes que já conheci. Pensa que a sua posição está certa e que todas as outras pessoas estão erradas.

Eu fiquei surpreso com a intensidade da raiva que percebi no sujeito, e, quando comecei a elaborar a resposta que daria a ele, vários outros alunos se aproximaram, querendo saber o que se passava.

– Você está querendo dizer que é arrogante da minha parte pensar que estou certo sobre uma verdade religiosa e que todos os que discordam de mim estão errados? – eu comecei a responder.

– Isso!

– Muito bem – continuei –, acho que há algumas pessoas aqui que provavelmente discordariam dessa sua visão de que eu sou arrogante. Isso quer dizer, então, que você está certo e que essas pessoas que discordam de você estão erradas?

O rapaz ficou com um ar confuso por alguns instantes, antes de rebater:

– Aonde você quer chegar?

A essa altura, os poucos estudantes que nos rodeavam haviam se transformado em aglomeração, com dezenas deles. Eu expliquei o que estava querendo dizer.

– Você tem razão. É ruim ser *arrogante,* mas não há nada de mau em ser *correto.* Se nós detemos a verdade sobre algo, então as pessoas que discordarem dessa verdade estarão erradas. Isso não faz com que nós sejamos melhores do que elas, só quer dizer que todos temos que estar dispostos a ouvir uns aos outros para que se possa evitar os erros e chegar à verdade.

– Mas não existem verdades absolutas! – retrucou ele. – Cada pessoa decide o que é verdade para si mesma.

O escritor francês do século XIX Gustave Flaubert certa vez disse que "Não existe verdade. Só o que há é a percepção". Essa declaração é verdadeira ou será que ela só reflete a percepção de Flaubert?

O que é a verdade?

O problema de dizer que "não existem verdades absolutas" é o seguinte: essa declaração em si pretende ser uma verdade absoluta. Ela afirma que "é verdadeiro em todos os tempos e em todos os lugares que nenhuma afirmação pode ser verdadeira em todos os tempos e em todos os lugares". Mas ela é tão contraditória quanto ouvir uma pessoa dizer, em inglês: "Eu não falo uma palavra de inglês". Não faz sentido afirmar que é *verdade* que não existem *verdades.*

Mas o que é a verdade? Quando nós afirmamos que uma determinada declaração é verdadeira, queremos dizer que ela "corresponde à realidade". A declaração descreve a maneira como o mundo realmente é. E qualquer declaração que descreva o mundo contém ou uma verdade *subjetiva* ou uma verdade *objetiva*[2].

Uma verdade é subjetiva quando ela só é verdadeira para a pessoa que está emitindo a declaração. Se eu digo: "Sorvete com pedacinhos de chocolate mentolado é uma delícia", estou falando uma verdade subjetiva. Quando as pessoas discordam sobre esse tipo de verdade, geralmente elas dizem: "Isso é verdade para você, mas não para mim". Pode ser uma verdade para o *Trent Horn* que o tal sorvete é uma delícia, mas uma pessoa alérgica a sorvete pode afirmar que isso não é verdade para *ela*. E não há contradição alguma nisso, porque as verdades subjetivas descrevem *sentimentos que as pessoas têm em relação ao mundo*, e não *fatos a respeito do mundo.*

ESCLARECENDO OS TERMOS

- **Verdade subjetiva**: afirmações que descrevem opiniões e são verdadeiras apenas para a pessoa que está fazendo a afirmação.

- **Verdade objetiva**: afirmações que descrevem a realidade e são verdadeiras para todas as pessoas.

Uma verdade será *objetiva,* entretanto, quando ela não for meramente uma descrição de como uma pessoa se sente, mas sim a descrição de um fato inerente à realidade, verdadeiro para todas as pessoas. Você pode amar ou detestar sorvete, por exemplo, mas sempre será uma verdade *objetiva* que o sorvete começa a derreter quando é deixado à temperatura ambiente (desde que o ambiente em questão não seja um iglu). Verdades objetivas não podem ser verdadeiras apenas para algumas pessoas. Elas serão verdadeiras ou falsas para todos porque descrevem a realidade, e a realidade é algo que todas as pessoas têm que aceitar, gostando ou não.

Mas o que isso tudo tem a ver com religião ou com o fato de ser católico?

Verdade-sorvete ou verdade-remédio?

Há quem ache que escolher uma religião ou uma igreja para frequentar é a mesma coisa que escolher um novo par de sapatos ou um sabor de sorvete. Se o gosto for bom ou fizer você se sentir confortável, não fará diferença o que for escolhido. Essas pessoas pensam que as verdades religiosas são *subjetivas* e que, portanto, não são verdadeiras para todas as pessoas. Ou seja, se algo parecer certo para você, então ele será tão bom quanto qualquer outro sistema de crenças.

É por isso que pode parecer arrogante uma pessoa afirmar que a sua religião está certa e que todas as pessoas deveriam aderir a ela. Isso seria como afirmar que todo o mundo só deveria calçar sandálias ou tomar sorvete de chocolate mentolado (embora ele seja mesmo um lanche da tarde delicioso). Nesses dois casos, nós diríamos: "Isso pode ser verdade para você, mas para mim não é".

Acontece que as verdades religiosas descrevem características fundamentais e importantes da realidade, sendo, portanto, verdades *objetivas* e não *subjetivas*. Afirmações sobre religião estão mais para "verdades-remédio" do que para "verdades-sorvete".

Imagine se nós fôssemos escolher um remédio do mesmo jeito que escolhemos sorvete. Nós poderíamos dizer: "Hummm, este comprimido tem gosto de morango... Vou tomar três dele". Fazer uma coisa desse tipo poderia prejudicar você, ou até mesmo matá-lo. Você também poderia continuar doente ou ficar com a saúde ainda pior se não tomasse o remédio correto. Nesse caso, o que importa não é a verdade subjetiva sobre o sabor do remédio, mas a verdade objetiva do efeito que ele vai ter no seu corpo.

O mesmo vale no que diz respeito à religião. Mesmo que você não acredite em nenhum tipo de saber religioso, essa crença terá que ser fundamentada em fatos inerentes à realidade, e não simplesmente nos seus sentimentos a respeito da religiosidade. Em última instância, nós devemos escolher uma igreja ou crença religiosa não por causa da maneira como elas nos fazem sentir, mas por elas serem objetivamente verdadeiras e objetivamente benéficas para nós.

RELIGIÃO, RAJÁS E ELEFANTES

Você já ouviu a história dos três homens cegos e o elefante? O primeiro cego apalpou a cauda do elefante e disse que aquilo devia ser uma corda. O segundo tocou as grandes orelhas e disse que deviam ser abanadores. O terceiro cego apalpou o flanco do animal e disse que devia ser uma parede.

Então um rei sábio, que era chamado de rajá, disse aos três homens cegos: "Um elefante é um animal enorme. Cada um de vocês obteve uma parte da verdade, mas todas as partes precisam ser unidas para formar a verdade completa. É o mesmo com as suas religiões. Cada uma delas tem parte da verdade, mas é preciso uni-las para encontrar a verdade completa".

A questão é que juntar religiões contraditórias e falsas não produz uma religião verdadeira, da mesma maneira que a junção de uma corda, abanadores e uma parede não produz a descrição verdadeira de um elefante.

Essa parábola também se vale da premissa de que alguém detém a verdade completa: o rajá. Como os céticos que negam a existência de uma religião que seja verdadeira podem saber que eles são o rajá da história, e não os homens cegos? Será possível que algumas religiões contenham mais verdade do que outras, e que Deus tenha entregado a alguma religião específica a plenitude da verdade?

Mas não será mesmo arrogante que alguém como eu se diga parte da "religião certa" e afirme que todas as outras pessoas estão erradas? Se eu tivesse nascido na Índia, não estaria escrevendo um livro chamado *Por que somos hinduístas* em vez de *Por que somos católicos?* Talvez sim, mas, se eu tivesse nascido na China Antiga, poderia ter escrito um livro chamado *Por que acreditamos que a Terra é plana*.

Ter nascido num tempo ou lugar que esteja distante da verdade não basta para negar a existência da verdade.

Quando se trata de acreditar em uma religião ou em qualquer outra verdade fundamental a respeito da realidade (como, por exemplo, o formato da Terra), todos nós achamos que estamos certos e que todos aqueles que discordam de nós estão errados. Até mesmo as pessoas que escolhem ignorar a religião acreditam que estão *certas* na sua posição de que a religião deve ser ignorada. Essas pessoas também acreditam que aqueles que tentam convencê-las a se converter estão *errados*. Isso não é um sinal de arrogância, mas sim de um desejo genuíno de encontrar a verdade.

Uma pessoa, ou até um grupo grande de pessoas, pode ser bondosa e compassiva e ao mesmo tempo estar equivocada no que diz respeito à religião. A coisa mais amorosa a fazer não é deixar os outros na ignorância, mas ajudá-los a encontrar a verdade. Aliás, há algumas pessoas que simplesmente têm que estar certas quando se trata de verdades religiosas, porque em muitos casos não existe alternativa. Por exemplo, ou as pessoas religiosas estão certas e Deus existe, ou são os ateus que estão certos e Deus não existe. Não há uma terceira opção, e essas duas não podem estar igualmente certas, porque isso criaria a contradição de um Deus existente e inexistente ao mesmo tempo.

Como católico, a minha posição não é considerar de cara que todas as outras religiões estão 100% erradas. Começando pelas questões mais fundamentais a respeito do mundo (ou seja, pelas questões que tratam de verdades objetivas), eu procuro entender qual religião tem a melhor resposta para os meus questionamentos: existe um Deus? O que podemos saber sobre Deus partindo da perspectiva da razão? Deus se revelou para a humanidade? Qual religião tem o melhor argumento histórico para se considerar a receptora dessa revelação divina? Essa religião ainda existe nos dias de hoje?

Há mais de uma religião capaz de responder corretamente a algumas dessas questões. Por exemplo, se existir apenas um Deus, isso quer dizer que cristãos, judeus e muçulmanos estão todos corretos. Caso esse Deus tenha se tornado humano, entretanto, então apenas uma dessas correntes religiosas estará correta. À medida que formos buscando as respostas para cada uma dessas questões, você verá que, embora muitos sistemas de crenças possam responder com veracidade a algumas delas, há apenas uma religião que responde consistente e corretamente a todas as questões apresentadas. Se consideramos que a verdade é um ponto importante, então não faz sentido que procuremos descobrir qual é a religião que tem as respostas verdadeiras?

OFERECER A VERDADE EM VEZ DE QUERER IMPÔ-LA

Em um vídeo que postou na internet, o ilusionista ateu Penn Jillette relatou como um cristão o abordou depois de uma de suas apresentações para lhe dar uma Bíblia. Em vez de se mostrar ofendido, Penn afirmou que o sujeito era "um bom homem". Se os cristãos realmente acreditam que a sua crença é verdadeira, ele diz no vídeo, então devem sempre compartilhá-la com as outras pessoas. Jillette diz: "Quanto você precisa odiar uma pessoa para não tentar convertê-la? Quanto você precisaria odiar alguém para, mesmo acreditando que a vida eterna é possível, escolher não contar isso a ela?"[3]

Por que acreditamos: verdade

- É contraditório dizer que é verdade que não existe uma verdade.
- Verdades objetivas descrevem a realidade, portanto elas serão uma questão de verdadeiro ou falso para todas as pessoas.
- Já que a religião descreve a realidade, as suas alegações principais são objetivas e passíveis de investigação.

POR QUE ACREDITAMOS NA CIÊNCIA

Quando criança, eu não tinha muito interesse por religião, mas gostava de ciência. Quando estava com 10 anos, o Clube de Jovens Astrônomos da minha escola fez uma visita ao Laboratório de Propulsão a Jato, na Califórnia. Durante o passeio, nós cruzamos uma passarela suspensa por cima do local onde uma dezena de cientistas estava preparando a sonda espacial Cassini para o lançamento. Espiando a cena por cima da balaustrada da passarela, eu me vi refletindo sobre todas as coisas de que a humanidade podia desfrutar graças à ciência, como a internet, os aviões e a medicina moderna.

No ano seguinte, eu passei para o *junior high** e decidi que só iria confiar nas coisas que pudessem ser cientificamente comprovadas. Mas, durante a minha conversão ao catolicismo, anos mais tarde, percebi que havia depositado uma quantidade demasiadamente grande de fé na ciência e uma porção insuficiente dela nos meios não científicos de descoberta da verdade.

O que é ciência?

Ao longo da Idade Média, a ciência era definida como "o conhecimento das coisas a partir de suas causas"[4] (em latim, a palavra *scientia* significa conhecimento). Isso incluía o conhecimento das coisas naturais, como estrelas e planetas, mas também das sobrenaturais, como Deus ou os anjos. Mas, no ano de 1837, William Whewell cunhou o termo "cientista" para se referir a alguém que busca explicações sistemáticas e *naturais* para fenômenos observados.

De acordo com essa nova definição, cientistas não poderiam usar Deus como explicação para aquilo que observavam. Uma vez que Deus existe para além do que é observável, para além do mundo natural, ele não poderia ser estudado por meio da ciência – o que não quer dizer, entretanto, que Deus não exista.

Detectores de metais não são capazes de detectar diamantes, mas isso não prova que não existam, nas areias da praia, pedras

---

*Segmento escolar equivalente ao segundo ciclo do ensino fundamental (N. T.).

preciosas caídas de uma joia de algum banhista. Assim como os detectores de metais, as "ferramentas de pensamento" que utilizamos para investigar o mundo têm suas limitações, e os limites da ciência são determinados pelas fronteiras do mundo natural. Pode ser que existam coisas além dessas fronteiras, como, por exemplo, Deus, mas, se quisermos descobri-las, precisaremos usar outras ferramentas que não a ciência.

Há pessoas que acreditam que a ciência é a única ferramenta que deveríamos usar para investigar o mundo e que não deveríamos acreditar em nada que não possa ser comprovado cientificamente. Esse ponto de vista, chamado de *cientificismo*, é um argumento em si autorrefutável, uma vez que não existe experimento científico capaz de comprovar que a única forma de conhecimento digna de crédito seja o conhecimento científico. E, além disso, nós já acreditamos em muitas coisas que não são comprováveis por meio da ciência.

Se você responder que sim quando lhe fizerem a pergunta "A ciência é importante?", como poderá comprovar cientificamente a sua resposta? Não existe nenhum experimento ou máquina capaz de provar a importância da ciência. Em vez disso, nós nos valemos da argumentação lógica para provar essa verdade, além de muitas outras.

Por exemplo, a ciência pode nos dizer como o mundo *é,* mas ela não é capaz de dizer como o mundo *deveria ser.* A ciência nos deu os aviões e a medicina, mas também é a responsável pela existência da bomba atômica e dos gases neurotóxicos. A ciência não é capaz de nos mostrar o que é bom ou mau, porque ela é apenas uma ferramenta que pode ser usada tanto para o bem quanto para o mal. Nós necessitamos de outras ferramentas mentais, como a filosofia ou a experiência pessoal, para compreender verdades sobre o mundo que não são desvendáveis por meio da ciência – e isso inclui as verdades ligadas a quem ou o que criou o mundo.

UM CIENTISTA REVELA OS LIMITES DA CIÊNCIA

Em 1960, Sir Peter Medawar recebeu o Prêmio Nobel por suas pesquisas que tornaram possível fazer transplantes de órgãos e tecidos humanos. Ele também foi o autor de um livro chamado *Conselho a um jovem cientista*, no qual faz a seguinte declaração:

"Não há maneira mais rápida de um cientista desacreditar a si mesmo e sua profissão do que afirmar categoricamente – sobretudo em contextos em que essa afirmação não for requerida – que a ciência sabe ou saberá em breve as respostas para todas as questões que se possa fazer"[5].

Mesmo não sendo um homem religioso, Medawar prossegue afirmando ser preciso recorrermos à literatura e à religião se quisermos encontrar "respostas adequadas" para perguntas do tipo "Como tudo começou?" ou "Qual é o propósito de estarmos neste mundo?"

A Igreja Católica é contrária à ciência?

Longe de se posicionar contra o método científico, o *Catecismo da Igreja Católica* (ou CIC) – compêndio oficial dos ensinamentos católicos – tece elogios às "investigações científicas que enriqueceram magnificamente os nossos conhecimentos" (CIC, parágrafo 283). O Papa São João Paulo II, por exemplo, declarou à Academia Pontifícia de Ciências do Vaticano que a teoria da evolução é "mais do que uma hipótese", e o Papa Bento XVI foi um passo além, ao afirmar que há "muitas provas científicas em favor da evolução"[6].

Mas e quanto a Galileu? Não é verdade que ele foi perseguido pela Igreja por ensinar que a Terra gira ao redor do Sol? Isso não seria uma demonstração de que a Igreja Católica é contrária às descobertas científicas que contradigam o que a fé estabelece?

Em primeiro lugar, a Igreja Católica nunca condenou a visão heliocêntrica, ou centrada no Sol, do nosso sistema solar. De acordo com a página on-line da Enciclopédia de Filosofia de Stanford, na época não existiu "nenhum posicionamento oficial católico sobre o sistema de Copérnico [heliocêntrico], e por certo ele não foi considerado herético"[7]. Muitos cientistas do tempo de Galileu aceitavam o argumento dos antigos gregos de uma terra estacionária, argumento esse que ainda não havia sido refutado. Hoje, nós podemos usar satélites para comprovar que a Terra gira ao redor do Sol, mas há quinhentos anos a humanidade estava longe de um consenso a respeito dessa questão.

Galileu, aliás, pensava que os planetas descrevessem órbitas perfeitamente circulares em torno do Sol, quando na verdade as suas órbitas são elípticas. Por conta disso, a teoria de Galileu não explicava todos os movimentos planetários observáveis, e esse foi um dos motivos pelos quais o Papa Urbano VIII exortou o cientista a apresentá-la como sendo provisória. Infelizmente, Galileu decidiu zombar do papa em seu livro *Diálogo sobre os dois principais sistemas do mundo*, no qual o personagem Simplício, nome que remete à ideia de simplório, representa as ideias do pontífice. Galileu também afirmou que as Escrituras teriam que ser reinterpretadas à luz das suas descobertas, uma conclusão que fugia ao escopo da sua área de especialidade. E foram esses dois deslizes que levaram ao famoso julgamento de 1633.

Ao contrário da crença popular, Galileu não foi torturado, mas sim considerado "suspeito de heresia" pelo tribunal eclesiástico. Segundo relato de seu amigo Francesco Niccolini, o cientista foi condenado à prisão domiciliar, mas atribuíram-lhe um servo que cuidou de suas necessidades até o momento de sua morte, já em idade avançada[8]. Anos mais tarde, o Papa São João Paulo II desculpou-se por quaisquer injustiças cometidas contra Galileu Galilei em seu julgamento e reafirmou as boas relações entre a Igreja e a ciência.

A CIÊNCIA LEVA AO ATEÍSMO?

Embora alguns cientistas proclamem-se ateus, de acordo com estudo do Centro de Pesquisas Pew, 51% deles acreditam em Deus ou em um poder superior[9]. É verdade que cientistas são mais propensos a declarar o seu ateísmo, mas, em seu livro *Science vs. Religion**, Elaine Ecklund demonstra que a prática científica em si não conduz as pessoas ao ateísmo, mas sim que os ateus simplesmente se mostram mais inclinados a escolher carreiras científicas.

Isso quer dizer que não há nada na ciência em si que a torne incompatível com a religião. Historicamente, algumas das maiores contribuições científicas nos foram legadas por pessoas religiosas, numa lista que inclui freis católicos, como Gregor Mendel, chamado de "o pai da genética moderna", e padres, como Georges Lemaître, o "pai da teoria do Big Bang".

Por causa da natureza eternamente mutável da ciência, a Igreja Católica concentra seus ensinamentos apenas nas questões relativas à fé e à moralidade. A Igreja não endossa infalivelmente quaisquer teorias científicas, embora há tempos venha sendo apoiadora da ciência. Nos tempos medievais, por exemplo, cientistas que ajudaram a criar o calendário moderno tiveram o apoio da Igreja. E, nos dias de hoje, astrônomos leigos utilizam regularmente um grande observatório que é operado pelo Vaticano.

De acordo com o historiador J. L. Heilbron, "a Igreja Católica Romana destinou mais recursos financeiros e apoio social ao estudo de astronomia nos últimos seis séculos – desde o resgate dos antigos aprendizados ocorrido entre o fim da Idade Média e o Iluminismo –

---

* Em tradução literal, "Ciência x Religião", não editado no Brasil (N.T.).

do que qualquer outra instituição, e provavelmente mais do que todas elas reunidas"[10].

O que é a fé?

Quando afirmam que "a ciência contradiz a fé", as pessoas em geral partem da definição de fé como "acreditar em algo sem evidências" ou "acreditar a despeito do que digam as evidências". A ciência talvez possa contradizer essa *definição de fé,* mas não a compreensão tradicional do que é a fé.

Num sentido mais amplo, a fé é simplesmente um tipo de confiança que depositamos em outra pessoa ou em alguma coisa. É possível dizer, por exemplo: "Eu tenho fé na capacidade de o John terminar o nosso trabalho de grupo". Até mesmo os cientistas têm fé de que as leis da natureza funcionarão da mesma maneira em todos os tempos e lugares, mesmo que não consigam comprovação de que elas sempre farão isso.

Para os católicos, fé é a "virtude teológica pela qual nós acreditamos em Deus e acreditamos em tudo o que ele disse e revelou para nós"[11]. Se Deus de fato existe (e nós vamos examinar mais adiante as evidências disso), então é perfeitamente razoável que as pessoas confiem ou tenham fé em Deus, da mesma forma que nós teríamos fé ou confiança nas pessoas. Isso inclui confiar naquilo que Deus tenha revelado a algum indivíduo por meio da oração ou publicamente, pela Bíblia ou pelos ensinamentos da Igreja.

ESCLARECENDO OS TERMOS

- *Fé (para o senso comum):* tipo de confiança que depositamos em uma pessoa ou em alguma coisa com base em evidências ou na nossa experiência pessoal.

- *Fé (no sentido religioso):* confiança na promessa de Deus com base nas evidências e na experiência da revelação divina[12].

Mas ter fé não implica necessariamente não dispor de evidências para aquilo em que se acredita? Afinal, se existissem evidências suficientes, não seria preciso ter fé. Bem, pare um instante e pense nisto aqui: segundo a Associação Americana de Paraquedismo, 99,99% dos saltadores de paraquedas sobrevivem aos seus saltos. Agora imagine que você está usando um paraquedas que sabe que foi preparado corretamente e que está se dirigindo à porta do avião para saltar. Enquanto seus olhos espiam o chão, dois mil metros abaixo dos seus pés, e contemplam as nuvens passando logo à sua frente, eu lhe pergunto: "Você está nervoso?"[13]

É bem provável que a sua resposta seja "sim". Mesmo havendo tantas evidências de que você vai sobreviver se saltar do avião, é preciso ainda que você *confie* nessas evidências. Ainda é preciso que dê o chamado voto de confiança, ou um "salto de fé". Isso não é o mesmo que dar um tiro no escuro ou acreditar sem ter nenhuma evidência. O voto de confiança é uma crença razoável que aposta nas conclusões que foram embasadas no peso das evidências.

Tendo isso em mente, vamos examinar as evidências que temos da verdade que fundamenta a fé católica: a existência de Deus.

Por que acreditamos: ciência

- A ciência é uma ferramenta que utilizamos para descobrir verdades a respeito da realidade – mas ela não é a única ferramenta, porque está limitada às descrições do mundo físico e natural.
- Nós precisamos usar outras "ferramentas de pensamento", como o raciocínio lógico, para investigar coisas que possam existir para além do mundo físico e natural.
- A fé não contradiz a ciência porque fé não se opõe às evidências. Fé é a confiança que temos em alguma coisa e, no sentido religioso, é a confiança que temos nas promessas de Deus.

POR QUE ACREDITAMOS EM UM CRIADOR

Certa vez, num debate sobre a existência de Deus, o meu oponente tentou usar a ciência para provar por que deveríamos todos ser ateus.

Ele argumentou que, antigamente, as pessoas acreditavam em Deus porque viam coisas que não conseguiam explicar, como os relâmpagos. Mas que a ciência hoje já tem a explicação sobre como os relâmpagos acontecem e que, com o tempo, ela teria explicação para tudo no universo. Isso significaria, então, que não há mais necessidade de invocar a Deus como causa para coisa nenhuma e que, portanto, não existem motivos para crer que exista um Deus.

Quando chegou minha vez de falar, eu indaguei a esse oponente se ele se considerava uma pessoa de mente aberta, ao que ele respondeu:

– Claro que sim.

Eu retruquei, então:

– Muito bem, então me diga que evidência específica o faria mudar de ideia e o convenceria de que Deus existe?

– Se você rezasse e fizesse com que um membro amputado voltasse a crescer, então eu acreditaria – respondeu ele.

Recordando a declaração feita anteriormente, eu indaguei:

– Se uma coisa assim acontecesse, como você poderia saber que Deus foi o responsável por ela? Talvez a ciência acabe descobrindo alguma explicação natural para membros que voltem a crescer.

Ele pensou sobre a minha pergunta e admitiu:

– Eu não sei... Mas, quero dizer, de que outra maneira uma coisa assim aconteceria, se não fosse por obra de Deus?

Nesse ponto, eu tive a certeza da direção que queria dar àquela conversa e disse:

– Se ver um membro crescendo do nada o deixa tão impressionado assim, por que você não se impressiona ainda mais com um universo inteiro surgindo do nada? Se só Deus seria capaz de restaurar um membro amputado, então por que não pensar que só Deus teria sido capaz de criar um universo inteiro do completo nada?

Mais adiante, nesse mesmo debate, eu expliquei para a plateia que os meus argumentos a favor da existência de Deus não tinham nenhuma relação com o fato de lacunas no conhecimento humano serem preenchidas ignorantemente com a frase: "Deus fez isso". E que em vez disso eles se baseavam em evidências *positivas* que demonstram de que maneira o universo como um todo só pode ter tido Deus como sua causa motriz.

O argumento da causa primária

Eis um argumento simples para a existência de Deus:[14]

- Tudo que passa a existir tem uma causa para a sua existência.
- O universo passou a existir.
- Logo, o universo tem uma causa para sua existência.

Mas, mesmo que esse argumento seja válido, como podemos saber que a causa da existência do universo é Deus?

Bem, já que o universo inclui em si todo o tempo e todo o espaço, a causa para sua existência teria que estar para além do espaço e do tempo, porque foi ela que os criou em primeiro lugar. E essa causa teria que ser imaterial, ou seja, não constituída de matéria, e também eterna, não existente no tempo. Uma vez que a ciência só estuda forças que existem no espaço e no tempo, isso quer dizer que a causa do universo não é algo que possa ser localizado ou estudado cientificamente. Como já vimos, é necessário, então, recorrer a uma ferramenta mental que esteja além da ciência (como o raciocínio lógico), se quisermos estudar a causa primordial da realidade.

A LÓGICA APONTA PARA UM CRIADOR

A causa motriz do universo fez existir o espaço, então ela não pode ser nada que exista no espaço.

A causa motriz do universo fez o tempo, então ela não pode ser uma força existente no tempo.

A causa de toda a existência teria que ser, portanto, a existência em si mesma, ou aquilo a que chamamos de Deus.

Se a causa do universo criou algo a partir do nada, então ela só pode ser extremamente poderosa. Aliás, se ela foi capaz de criar alguma coisa a partir do nada, então não há nada que não seja capaz de fazer, ou seja, ela é "todo-poderosa". Por fim, essa causa só pode ser intencional e não alguma força irracional qualquer, porque ela fez a escolha de criar um universo finito, com apenas alguns bilhões de anos de idade.

Por que somos católicos

E uma causa motriz eterna, imaterial, todo-poderosa e intencional é justamente o que a maior parte das pessoas imagina ao ouvir a palavra "Deus". Mas como nós podemos saber que o universo começou a existir? Pode ser que ele tenha existido desde sempre, e nesse caso não precisaria haver uma causa.

Evidências de um começo

Você provavelmente já ouviu falar sobre o "Big Bang", que, diferentemente do que muitos acreditam, não foi uma explosão *no* espaço, mas uma expansão *do* espaço em si (e também do tempo, da matéria e da energia) a partir do nada[15]. De acordo com o renomado cosmologista Alexander Vilenkin, da Universidade Tufts, "todas as evidências de que dispomos mostram que o universo teve um começo"[16].

Se usarmos o raciocínio lógico, nós também podemos demonstrar que o passado não pode ser eterno e que, portanto, o universo tem que ter tido um começo.

Imagine um hotel com um número infinito de quartos. Mesmo que num dado momento todos os quartos estejam ocupados, sempre será possível receber um hóspede a mais, se passarmos cada hóspede já instalado para o quarto seguinte (porque o número de quartos é infinito). Mas nenhum hotel lotado no mundo real poderia acomodar mais hóspedes dessa maneira. Além disso, quanto é "infinito menos infinito"? Talvez você responda que é "zero", mas, matematicamente, isso seria como querer fazer divisões por zero: indeterminado, portanto uma operação proibida. Se todos os hóspedes de quartos de números ímpares deixassem o hotel, o número infinito de quartos pares ocupados continuaria o mesmo; mas, se os hóspedes dos quartos de números acima de 4 fossem embora, então somente os hóspedes instalados nos quatro primeiros quartos permaneceriam no hotel. "Infinito menos infinito" é igual a um número infinito de respostas!

Infinitos efetivos existem na matemática, mas eles não existem no mundo real porque provocam contradições. Isso quer dizer que o passado não pode ser infinito porque, se fosse, "hotéis infinitos" impossíveis (ou outros objetos infinitos) poderiam existir por meio de processos de construção infinitamente demorados. Em vez disso, o passado teve um começo definido – e é por isso que a existência de "objetos infinitos" é uma impossibilidade.

O PAI DO BIG BANG

No princípio do século XX, o padre e físico belga Georges Lemaître demonstrou que, de acordo com a nova teoria da gravidade de Einstein, chamada de teoria geral da relatividade, um universo eterno sucumbiria no vazio.

E como a teoria de Einstein era confiável, isso só poderia querer dizer uma coisa: o universo não é eterno, mas teve um começo em algum momento do passado.

O padre Lemaître e Einstein costumavam debater esse assunto com frequência em suas caminhadas pelo *campus* da Caltech. Einstein se mostrou cético num primeiro momento, mas, em 1933, declarou que a teoria de Lemaître de um universo em expansão era uma "das mais belas teorias" que ele já ouvira[17]. O padre Lemaître a batizou inicialmente de teoria do "átomo primevo", e um outro físico, Fred Hoyle, foi quem cunhou o termo "Big Bang".

Hoyle acreditava que as teorias de que o universo teria começado a existir a partir do nada eram "mitos primitivos" criados para imiscuir religião à ciência. Mas a descoberta das radiações cósmicas do Big Bang, em 1965, nas palavras do próprio Hoyle, "mataram" a sua visão de um universo eterno e permanentemente estável[18]. O padre Lemaître recebeu a notícia de que a sua teoria de que o universo havia tido um começo havia sido confirmada três semanas antes de falecer, em 1966.

Mas e quanto à primeira premissa do nosso argumento, de que "tudo o que passa a existir tem uma causa para a sua existência"?

Há pessoas que afirmam que, mesmo que o universo tenha começado a existir com o Big Bang, ele pode ter surgido do nada da mesma maneira que já se observou em laboratório partículas minúsculas surgirem do nada. Acontece que essas partículas não ganham existência a partir do vazio completo. Em vez disso, elas surgem de um vácuo quântico, ou um campo com baixo nível de energia. Ou, nas palavras do filósofo e físico David Albert:

> Estados de vácuo – assim como girafas ou geladeiras ou sistemas solares – são arranjos específicos de *material físico elementar* [...] nenhum desses aparecimentos – se examinados corretamente – se parece sequer remotamente com algo relacionado à criação a partir do nada[19].

Partículas virtuais podem ganhar existência a partir de campos quânticos flutuantes, mas é impossível que qualquer coisa (e isso inclui universos inteiros) passe a existir vinda do completo nada. Em vez disso, o universo só pode ter sido criado por uma causa que existia para além das suas fronteiras de espaço e tempo.

O argumento do propósito

Aqui vai mais um argumento em favor da existência de Deus:[20]

- O nosso universo contém leis naturais específicas que permitem a existência de vida inteligente.
- Essas leis ou eram necessárias, ou foram produto do acaso, ou surgiram a partir de um propósito.
- Elas não eram necessárias nem foram produto do acaso.
- Logo, as leis naturais foram criadas com um propósito.

Nos últimos cinquenta anos, cientistas descobriram que até mesmo uma variação mínima em muitas das leis da natureza teria sido desastrosa para a vida tal como a conhecemos.

Pense, por exemplo, na constante cosmológica, que representa a força da gravidade em um vácuo vazio no espaço. Embora antes se admitisse que ela equivalia a zero, essa constante na verdade está ajustada à 122ª potência: ela é de zero vírgula 121 zeros decimais seguidos de um número 1. Essa constante, ou valor numérico presente em uma das leis da natureza, poderia ser 10^{122} vezes maior do que a medida necessária para a existência da vida. Como escreveu Alexander Vilenkin:

> Um desvio mínimo da potência requerida resultaria num desastre cosmológico, como a bola de fogo sucumbir sob o próprio peso, ou termos um universo quase vazio [...] Esse é o caso mais notável e intrigante de sintonia fina no campo da física[21].

Para que se tenha ideia da dimensão da coisa, a chance de que essa lei da natureza tivesse sido ajustada no ponto exato por obra do mero acaso seria a mesma de encontrar um único átomo marcado aleatoriamente no meio do universo inteiro.

ENTENDENDO A PERSPECTIVA

- 10^{50}: o número de átomos no planeta Terra.

- 10^{80}: o número de átomos no universo.

- 10^{120}: o número de maneiras pelas quais a força da gravidade no espaço poderia ser diferente, impedindo que a vida existisse.

Há quem afirme que o universo não foi ajustado precisamente para permitir a vida, porque uma grande parte dele é hostil a ela (como, por exemplo, o vácuo espacial). Mas afirmar que o universo foi ajustado precisamente para permitir a vida não é o mesmo que dizer que ele é um lugar onde o máximo possível de criaturas vivas irá vicejar. Essa afirmação significa apenas que, entre todos os universos que poderiam existir, seria muito mais provável termos um em que não houvesse chance de vida. O fato de termos um universo que acomoda a vida em meio a tantas possibilidades contrárias a isso, não importando se existem muitos ou poucos seres vivos nele, é algo que demanda uma explicação.

Então, como se pode explicar esse ajuste tão preciso das leis da natureza?

Não há motivo para assumirmos que as leis naturais devem necessariamente permitir a existência da vida, uma vez que somos capazes de imaginá-las organizadas de maneiras diferentes das que temos. Nós podemos descartar também a força do acaso, porque a chance de termos as leis certas aleatoriamente seria equivalente à possibilidade de alguém ganhar cinquenta rodadas consecutivas numa mesa de pôquer – com uma sequência real em cada uma delas![22] (Ou seja, uma chance em 10^{300}, e isso numa estimativa conservadora![23])

Dessa forma, nos resta a hipótese do propósito.

Assim como Alexander Vilenkin, o estudioso da teoria das cordas Leonard Susskind é um cientista não religioso. Ainda assim, ele afirma, num artigo intitulado "Disturbing implications of the cosmological constant"*, que, a menos que essa constante tenha sido propositalmente criada, "eventos estatisticamente milagrosos" teriam sido necessários para que a possibilidade de vida existisse no universo. Ele dá a entender que, em vista disso, é possível que um agente desconhecido tenha organizado as condições primárias para o surgimento do universo tal qual o observamos hoje[24].

Mas como podemos saber que esse agente criador foi Deus?

Antes de me converter ao catolicismo, eu era um deísta. Eu acreditava na existência de um "criador do universo" genérico. Só que, quanto mais eu pensava sobre esse "deus", mais me dava conta de que esse criador teria de ser Deus, com letra maiúscula. Deus teria que ser infinito e conter em si todas as perfeições, incluindo o amor e a benevolência perfeitos. E foi isso que me levou a essa conclusão…

---

* "Desdobramentos perturbadores da constante cosmológica", em tradução livre (N. T.).

Por que acreditamos: um Criador

- Se o universo teve um início, e se o universo inclui todo o espaço, toda a matéria e energia, esse universo só pode ter uma causa imaterial que exista para além do espaço e do tempo.
- A ciência só pode estudar objetos físicos inseridos no tempo; isso quer dizer que a ciência jamais poderá estudar ou explicar naturalmente a causa primária que gerou o universo.
- O universo contém elementos que apontam para um propósito, e ele é finito, o que quer dizer que só pode ter sido criado por uma causa intencional, e não por uma força irracional.

POR QUE ACREDITAMOS EM DEUS

Na época do colégio, eu só me importava com Deus quando não sabia alguma questão da prova de Matemática e achava que rezar um pouco talvez pudesse ajudar. Mas, na maior parte do tempo, eu não achava que o criador do universo estivesse se importando comigo. E, honestamente, eu também não me importava tanto assim com ele – ou "aquilo". A minha posição começou a mudar, entretanto, numa tarde de quinta-feira, numa aula de Inglês do décimo ano.

O professor havia se disposto a corrigir o meu trabalho na hora do almoço, depois que os meus colegas tivessem saído da sala, mas poucos minutos mais tarde um bando de alunos entrou trazendo uma pizza – a pizza deliciosamente gordurosa e com bordas crocantes feita por um restaurante da cidade. Esses alunos eram parte do grupo de jovens católicos de uma igreja do bairro, e o meu professor de Inglês era o patrono do clube deles. Eu resolvi ficar para comer um pedaço de pizza e ouvir a conversa deles sobre religião.

Acabei indo a mais algumas reuniões do grupo e percebi que o meu conceito de Deus era pequeno demais para explicar a existência do universo. O pessoal do clube me ajudou a responder a esta questão: "Mesmo que o universo tenha tido um criador, como podemos saber que esse criador é o Deus todo-poderoso e benevolente adorado pelos cristãos?".

A identidade do Criador

Uma maneira de determinar a identidade do criador é começar a eliminar opções que não façam sentido. Por exemplo, há pessoas que acreditam que o universo criou a si mesmo, ou que Deus é o universo. Essa crença se chama panteísmo, termo que vem das palavras gregas para "todo" (*pan*) e "Deus" (*theos*).

Mas, se o universo surgiu do nada, então ele precisaria de uma causa exterior a si mesmo para ter começado a existir. Dizer que o universo "criou a si mesmo" é como afirmar que uma pessoa concebeu a si própria, ou que Mark Zuckerberg tirou a ideia para criar o Facebook de uma mensagem que alguém lhe mandou pelo Facebook.

Mas como podemos passar daquilo que o criador não é, como o próprio universo, para aquilo que o criador de fato *é* – um Deus todo-poderoso e benevolente, neste caso? Uma das maneiras de fazer isso é compreendendo que tem que existir uma *explicação definitiva* para a realidade.

Imagine que você está com um amigo e vocês veem um vagão se deslocando nos trilhos de uma ferrovia. Você pergunta ao seu amigo: "O que está puxando aquele vagão?", e ele responde: "Outro vagão". A resposta esclarece a sua dúvida? Não, porque ela dá margem a outra pergunta: "E o que está puxando *o outro* vagão?".

A explicação dada pelo seu amigo não foi a definitiva ou final porque ela deu margem a uma nova pergunta. Agora, imagine que a conversa siga por esse caminho até o seu amigo dizer: "Bem, a questão é que há um número infinito de vagões, cada um puxando o que vem atrás de si". Essa pode ser uma explicação infinita, mas não é uma explicação *definitiva,* porque ela leva à questão: "Por que o trem está se deslocando, afinal de contas?".

Vagões ficam no lugar onde estão, a menos que haja algo puxando-os. Não importa se você conectar um, dois ou um número infinito deles, todos os vagões vão se comportar da mesma maneira: vão ficar onde estão. O movimento do trem como um todo permanecerá sem explicação até que uma outra entidade entre em cena: um carro ferroviário motorizado, capaz de impulsionar a si próprio *e* de puxar outros vagões, ou seja, uma locomotiva.

Da mesma maneira, a existência do nosso universo não pode ser explicada por um número infinito de outros universos que existiram antes do Big Bang. Isso não esclarece o porquê de existir qualquer universo que seja, em vez de haver só o nada. Em vez disso, é preciso que seja trazida para a discussão outra entidade: uma causa motriz que dê existência a todas as coisas e não receba existência de coisa nenhuma. No século XIII, São Tomás de Aquino definiu Deus como *ipsum esse,* expressão em latim que significa "existência em si".

Perguntar "Se Deus criou todas as coisas, então quem criou Deus?" é a mesma coisa que perguntar: "Se a locomotiva está puxando o trem, então quem está puxando a locomotiva?". Nem todos os carros ferroviários precisam ser puxados, porque existem alguns (como a locomotiva) capazes de se mover por si próprios e que explicam o movimento de todos os outros vagões. Da mesma forma, nem tudo precisa ter uma causa para sua existência, porque há uma coisa (Deus) que é a existência em si mesma e explica a existência de todas as outras coisas.

Se Deus é o ser ilimitado ou a própria existência em si, isso significa que Deus é *infinito.* O que não é o mesmo que dizer que Deus tem um número infinito de pensamentos ou que ele se estende ao longo de uma distância infinitamente longa. Em vez disso, algo é infinito quando não possui nenhuma limitação. Deus é o ato de ser ou a existência em si mesma, portanto, nada é capaz de limitá-lo ou limitar seus atributos, que incluem, entre outras coisas:

Unicidade: como Deus não tem limites, é razoável inferir que a ele não falta nada. Se houvesse mais de um Deus, então esses dois seres teriam que limitar um ao outro de alguma maneira. Nenhum poderia ser verdadeiramente infinito, portanto ambos seriam "deuses" (ou criaturas poderosas) e não "Deus" (o criador todo-poderoso). Se Deus é em si mesmo o ato infinito da existência, então só pode haver um Deus.

Onipresença: Deus não se faz "presente" em todos os lugares sendo idêntico a tudo que há no universo (como no panteísmo). Deus não está espalhado pelo universo como algum tipo de gás invisível. Em vez disso, Deus se faz presente no universo sustentando e afetando todas as suas partes. Ou seja, não existe um lugar ou tempo específico que seja o receptáculo de Deus, mas todos os lugares e todos os tempos existem porque Deus é a existência em si mesma. Deus percebe toda a existência em um eterno "agora", portanto está presente nela sem ser uma parte literal dela.

Onisciência: considerando que Deus sustenta toda a existência, ele está ciente de tudo que há nela, ou seja, tem conhecimento de tudo o que é real e potencialmente real. Deus sabe não apenas de tudo o que é verdadeiro agora, mas também de todos os eventos reais ocorridos no passado (tais como quantos passos George Washington deu em toda a sua vida) e de tudo o que é real sobre o futuro (como, por exemplo, se você vai chegar a terminar de ler esta página).

DEUS É TÃO BOBO QUANTO ZEUS?

Seres como Zeus e Thor são deuses com "d" minúsculo. Eles surgiram de outros deuses, podem morrer, têm poderes limitados, ignoram algumas coisas e em geral são amorais. Nenhum deles é o ato ilimitado e perfeito de ser que explica a realidade, ao que nós chamamos de "Deus".

Inclusive, gente inteligente que viveu na época em que esses deuses eram populares não acreditava neles. Em seu livro *Metafísica*, o filósofo da Grécia Antiga Aristóteles se refere a deuses como Zeus como "mitos". Por outro lado, o próprio Aristóteles afirmava que o Deus uno e verdadeiro "é um ser vivente, eterno, em grande parte benevolente, de modo que a vida e a duração contínua e eterna pertencem a Deus; pois elas são Deus"[25].

Mas se Deus sabe o que eu vou fazer amanhã, isso não é o mesmo que dizer que eu não tenho a escolha de fazer algo diferente? Não, porque o conhecimento que Deus tem do futuro não *determina* o futuro. Deus não está inserido no tempo da mesma forma que você e eu. Ele existe *para além* do tempo e enxerga tudo num único momento eterno. Da mesma forma que o fato de eu estar olhando para você no presente não impede que você escolha se sentar numa cadeira, o fato de Deus estar "olhando" para você no futuro da sua posição fora do tempo não vai impedir que você se sente numa cadeira ou faça qualquer outra coisa naquele momento também.

Onipotência: ser onipotente, ou todo-poderoso, quer dizer que Deus tem o poder para fazer qualquer coisa que seja logicamente possível. Deus pode fazer qualquer coisa, mas há certas combinações de palavras que resultam em algo tão sem sentido que nem sequer podem ser consideradas "coisas" para que Deus as faça. Querer que Deus faça um "círculo quadrado", ou "uma pedra tão pesada que nem ele mesmo possa levantá-la", ou que destrua a si próprio são ideias que implicam contradição lógica. Sendo assim, elas não se enquadram na categoria de "qualquer coisa possível de ser feita", portanto não têm nada a ver com o poder ilimitado de Deus.

> Deus pode fazer qualquer coisa, mas há certas combinações de palavras que resultam em algo tão sem sentido que nem sequer podem ser consideradas "coisas" para que Deus as faça.

Onibenevolência: pense em todas as coisas ruins que existem na vida: câncer, assassinos em série, aquelas vezes em que a lanchonete entrega o seu pedido errado. O que todas essas coisas ruins, desde as mais corriqueiras até as mais terríveis, têm em comum? A resposta é: a todas elas falta algo que seja bom.

O câncer é o crescimento celular desordenado, portanto falta-lhe organização e saúde. Assassinos em série são pessoas às quais faltam empatia e amor, traços que os impediriam de cometer os crimes que cometem. E um *cheeseburger* sem queijo, bem, não passa de um hambúrguer comum. Mas como isso prova a onibenevolência de Deus?

Você, eu ou qualquer outra criatura sempre teremos algo faltando, porque somos seres limitados. Deus, por sua vez, não tem limites porque ele é infinito, portanto a ele não falta coisa nenhuma. E isso não quer dizer que todas as coisas boas e também as ruins façam parte de Deus, porque, como já vimos, o mal é simplesmente a ausência do bem. E se o mal é a falta do bem, e a Deus não falta coisa nenhuma, podemos inferir que Deus só pode ser inteiramente bom.

Todas as perfeições que vemos no mundo têm a sua origem em Deus. Deus não tem simplesmente amor, ou beleza, ou bondade. Deus *é* amor, Deus *é* beleza, Deus *é* bondade. Mas, se Deus é todo-benevolente e todo--poderoso, então por que existe tanta maldade e sofrimento no mundo? É sobre essa importante questão que vamos nos debruçar a seguir.

DEUS É "ELE"?

Os católicos se referem a Deus como ele, mas isso não quer dizer que pensem em Deus literalmente como uma figura masculina. A Igreja Católica prega que, "quando chamamos Deus de 'Pai', essa escolha de linguagem da fé indica duas coisas fundamentais: que Deus é a origem primária de todas as coisas e também a autoridade transcendente, e que ele é ao mesmo tempo a benevolência e o cuidado amoroso para com todos os seus filhos [...] [Deus] não é homem nem mulher. Deus é puro espírito, no qual não há lugar para a diferenciação entre os sexos. Mas as respectivas 'perfeições', tanto do homem quanto da mulher, refletem em parte a infinita perfeição de Deus"[26].

Por que acreditamos: Deus

- A realidade demanda uma explicação definitiva que não precise ser explicada por mais coisa nenhuma, ou aquilo a que poderíamos chamar de "ser" ilimitado ou a "existência" em si.
- Essa explicação definitiva, ou Deus, só pode ser infinita. E, como a essa causa nada falta, isso quer dizer que ela contém em si mesma todo o conhecimento e todo o poder.
- Deus só pode ser inteiramente benevolente, porque, embora a ele não falte nada, o mal nada mais é do que a ausência do bem.

POR QUE ACREDITAMOS QUE DEUS VENCE O MAL

As pessoas às vezes me perguntam: "Qual é a questão mais difícil a que você já teve que responder sobre a fé católica?". Em geral, elas esperam que a resposta envolva algo muito técnico, mas as perguntas mais difíceis que me fazem tendem a ser as mais simples e pessoais:

"Se Deus é onibenevolente, por que ele deixou que meu filho morresse num acidente de carro?"

"Se Deus é inteiramente amoroso, por que existem crianças com câncer?"

"Se Deus é todo-poderoso, por que ele não conserta o que está errado no mundo?"

O problema do mal e do sofrimento é um dos argumentos mais antigos que existem para questionar a existência de Deus. Se Deus é mesmo onibenevolente e todo-poderoso, então o mal não deveria existir. Só que ele existe. Portanto, Deus só pode ser fraco, mau ou nem existir mesmo.

Esse é um argumento muito poderoso do ponto de vista emocional, mas, sob uma perspectiva lógica, ele não é capaz de provar que Deus não existe. Na verdade, a existência objetiva do bem e do mal fornece evidências *em favor* da existência de Deus.

O que é o mal?

Para entender como Deus pôde permitir que o mal existisse, nós temos que compreender o que é o "mal".

O mal não é algo que tenha sido criado por Deus, mas sim uma ausência do bem que é tolerada por ele. O mal é um parasita que não pode existir sem o bem, da mesma forma que a ferrugem não pode existir sem o metal, que é corrompido por ela. Atos de maldade moral, como o estupro ou o assassinato, por exemplo, não poderiam existir se não houvesse a benevolência de pessoas capazes de escolher livremente entre fazer aquilo que é certo ou errado. Males naturais, como a cegueira ou a doença, não poderiam existir se não houvesse coisas boas, como os animais ou as plantas.

Mas, mesmo que Deus não tenha sido o criador do mal, nós podemos nos perguntar: "Por que ele permite que existam males como a cegueira ou os assassinatos?".

O mal é um parasita que se alimenta do bem

A resposta mais curta para essa questão é: está tudo bem permitir que o mal exista se, ao fazer isso, você fizer também com que surja mais do bem ou esteja evitando males ainda maiores. A humanidade permite a existência de males como os acidentes de carro, por exemplo, porque o uso regular das ruas e estradas promove um bem maior. Nós poderíamos eliminar os acidentes de carro se eliminássemos todos os carros, mas essa solução seria pior do que o problema que estaríamos tentando resolver inicialmente.

De modo semelhante, Deus poderia eliminar males morais como o estupro se eliminasse os seres humanos ou tirasse deles o livre-arbítrio, mas o mundo seria um lugar pior se nós todos fôssemos robôs. O nosso mundo não teria coisas como o heroísmo, a compaixão ou nem mesmo o amor, e os seres humanos se tornariam moralmente equivalentes a algum eletrodoméstico programável.

Mas o que dizer, então, sobre males naturais, como doenças ou desastres, que não têm nada a ver com o nosso livre-arbítrio? Esses males podem nos ajudar a desenvolver virtudes que não poderiam existir caso Deus eliminasse o sofrimento em todas as suas instâncias. Por exemplo, é impossível que Deus faça uma pessoa ser corajosa se ela não estiver correndo perigo. E pode ser que os males sejam necessários também para que nós possamos viver em um mundo previsível, onde Deus não tenha que intervir de cinco em cinco segundos para nos proteger da dor.

Por fim, como seres humanos limitados e falíveis que somos, não nos cabe afirmar que Deus não seja capaz de trazer mais benevolência a partir de cada maldade com que nos deparamos. Imagine um homem que esteja olhando para a *Mona Lisa* a cinco centímetros de distância e diga: "Que pintura horrível! Ela não passa de um monte de manchas pretas!". Obviamente, esse homem nunca poderá apreciar a beleza e a qualidade do quadro completo se estiver olhando só para uma parte pequena dele. Da mesma maneira, se nós olharmos apenas para o nosso sofrimento, estaremos perdendo a perspectiva do quadro maior, ou das maneiras pelas quais Deus pode usar o sofrimento para criar um mundo bom e belo de maneira mais ampla.

Pense no caso de Nick Vujicic, que nasceu sem os braços e sem as pernas. Quando criança, ele chegou a ficar tão deprimido que tentou se afogar numa banheira. Mas, depois que conheceu a Deus e pôde perceber que a sua vida não foi uma criação acidental, Nick passou por uma transformação. Hoje, ele viaja pelo mundo compartilhando sua visão de como o amor de Deus é capaz de penetrar o nosso sofrimento mais profundo. Nas suas palavras: "Até nas piores situações, que parecem estar além da nossa capacidade de lidar com elas, Deus sabe quanto nossos corações são capazes de suportar. Eu me atenho à crença de que a nossa existência aqui é temporária e que estamos sendo preparados para a vida eterna"[27].

O coração do problema

Para alguém que esteja em sofrimento, eu compreendo que essa resposta talvez não soe muito satisfatória. "Não me importa!", essa pessoa dirá. "Se Deus me amasse, ele tiraria essa dor que há na minha vida. Ele não permitiria que tantas coisas ruins acontecessem aos seres humanos!".

Essa é uma reação humana normal às formas mais terríveis de sofrimento, e é por isso que eu concordo com meu amigo e colega Jimmy Akin, que viu sua esposa morrer de câncer pouco depois de se casar com ela. Ele diz: "Deus nem sempre nos dá razões capazes de explicar o nosso sofrimento, mas ele certamente nos dará meios que nos ajudem a *suportá-lo*". Um dos meios que me ajudam a suportar o sofrimento é a constatação de que o mal não faria sentido se não existisse um Deus.

Muitas pessoas afirmam que o mal são só "coisas ruins" ou "aquilo que é doloroso", mas essas definições não funcionam muito bem. Fazer a obturação de uma cárie dentária ou receber punição por um crime que se tenha cometido são coisas dolorosas, mas não más. Na verdade, esses dois exemplos retratam um *bom* tratamento médico e um *bom* uso da lei. Por outro lado, podem existir instâncias do mal que não provocam nenhuma dor. Um homem que tenha fantasias sobre violar crianças, mas nunca chegue a colocá-las em prática, não provoca dor alguma, mas claramente ele é uma pessoa com maus pensamentos, e não bons.

Vejamos uma definição melhor: *o mal é aquilo que experimentamos quando as coisas não correm da maneira como deveriam.*

Estupro, assassinato, câncer e outras coisas ruins são exemplos do mal porque distorcem a maneira como o mundo deveria ser. Sexo deveria ser um ato de amor, não de violência. Células deveriam crescer para formar partes do corpo, não tumores. Se o mal está relacionado à maneira como as coisas não deveriam ser, então o bem só pode estar relacionado à forma como elas *devem* ser. Mas, se as coisas devem ser de uma determinada maneira, isso significa que existe um planejamento cósmico e também um planejador agindo por trás dele – e é a esse planejador que muita gente chama de Deus.

UM ATEU ADMITE: A MORALIDADE É PROVA DA EXISTÊNCIA DE DEUS

O filósofo ateu J. L. Mackie escreveu: "Os atributos morais formam um conjunto tão peculiar de qualidades e relações que é muito pouco provável que eles tenham emergido naturalmente no curso dos acontecimentos, sem que um deus todo-poderoso os tenha criado"[28].

Mackie era um partidário tão ferrenho do ateísmo que ele negava a existência de verdades morais objetivas, mesmo elas parecendo reais para a maior parte das pessoas. Talvez nós todos devamos aceitar, então, que a moralidade é algo verdadeiro e que se origina de um Deus todo-poderoso que é, em si mesmo, a própria bondade.

Mirando mais alto

E não é apenas o universo que deveria ser de um certo jeito, mas você e eu também deveríamos. Em situações em que a sociedade endossa maldades como o genocídio ou a escravidão, os chamados heróis são pessoas que insistem que é melhor fazer aquilo que é certo do que aceitar o que é mais popular. Martin Luther King Jr. chegou a dizer que "uma lei justa é um código criado pelo homem que se alinha com a lei moral ou a lei de Deus"[29].

Por outro lado, quando fazemos alguma coisa errada, nós nos sentimos culpados por isso, mesmo que nenhuma outra pessoa fique sabendo. Nós nos sentimos como se não estivéssemos conseguindo corresponder a um padrão da pessoa que deveríamos ser. A maioria de nós já se pegou dizendo para alguém, depois de ter magoado essa pessoa: "Me perdoe, eu não estava sendo eu mesmo"[30]. O motivo para nos sentirmos assim é o fato de Deus nos ter legado a sua lei moral e tê-la escrito nos nossos corações sob a forma de uma consciência (Romanos 2, 14-16).

Deus não nos deu a lei moral para que nós nos sentíssemos culpados, mas sim para que pudéssemos ser felizes. Imagine que maravilha seria a vida se ninguém mentisse, roubasse, guardasse rancor ou manipulasse outras pessoas. Lá no fundo, nós todos sabemos que fomos feitos para ser desse jeito, e há alguns sofrimentos nesta vida que podem até nos ajudar a chegar mais perto desse objetivo. É como diz a minha passagem favorita da Bíblia:

> Aceita tudo o que te acontecer. Na dor, permanece firme; na humilhação, tem paciência. Pois é pelo fogo que se experimentam o ouro e a prata, e os homens agradáveis a Deus, pelo cadinho da humilhação.
>
> Põe tua confiança em Deus e ele te salvará; orienta bem o teu caminho e espera nele (Eclesiástico 2, 4-6).

O amor de Deus em meio ao horror nazista

Uma das pessoas presas no campo de concentração nazista em Auschwitz era um padre chamado Maximilian Kolbe. Quando suspeitaram que um prisioneiro havia fugido, os guardas escolheram dez homens para morrerem de fome na solitária, como lição para que outros presos não pensassem em fugir. Eles estavam arrastando para a solitária um sujeito chamado Franciszek, que fincou os calcanhares no chão e começou a gritar:

– Pobre da minha esposa! Pobres dos meus filhos!

Nesse momento, o padre Kolbe aproximou-se e disse:

– Eu sou um padre católico. Levem a mim no lugar dele. Eu sou um velho. Ele tem esposa e filhos[31].

Os guardas permitiram que Kolbe tomasse o lugar de Franciszek, e, durante as duas semanas que se seguiram, ele consolou os outros condenados à morte na solitária. Sempre que os guardas espreitavam a sua cela, o padre Kolbe estava em pé ou de joelhos, em oração. Depois que todos os outros prisioneiros escolhidos haviam morrido, os guardas decidiram não esperar até que o padre Kolbe morresse de fome. Em vez disso, eles lhe deram uma injeção de fenol no braço esquerdo e cremaram seus restos mortais em seguida.

Terá sido esse um exemplo de maldade capaz de comprovar que Deus não existe? O fato de que o que os nazistas fizeram foi objetivamente errado prova que existe um padrão de moralidade universal que se origina em uma fonte de benevolência universal, ou Deus. A moral não pode ser simplesmente um mecanismo de sobrevivência desenvolvido pelos seres humanos ao longo do seu processo evolutivo, pois há pessoas que se sentem compelidas moralmente a fazer coisas que não contribuem para a sobrevivência da espécie, como sacrificar a vida por um desconhecido. Se todos nós formos feitos à imagem de Deus, entretanto, isso sim é capaz de explicar o nosso desejo de lutar e até mesmo morrer pela dignidade de outra pessoa. Franciszek, por falar nisso, de fato sobreviveu ao confinamento em Auschwitz e passou o resto da vida relatando publicamente o heroísmo do padre Kolbe.

Mas o que deu a Maximilian Kolbe forças para enfrentar tamanha maldade e sofrimento? Como padre, ele havia devotado a vida a imitar os passos de Jesus Cristo, e Jesus se mostrou disposto a fazer qualquer coisa para salvar a humanidade de seus pecados, inclusive submeter-se a uma morte dolorosa e humilhante numa cruz. Por ter sido o divino Filho de Deus, Jesus foi capaz de oferecer um sacrifício infinito e perfeito de amor, que redimiu os pecados do mundo inteiro. Para aqueles que acreditam em Jesus, esse sacrifício demonstra que a morte não é o fim da vida, e sim o começo de uma nova existência junto a Deus no céu. Eu não me surpreenderia se, enquanto se preparava para ser executado, o padre Kolbe tivesse em seus pensamentos o versículo da Bíblia que diz: "Onde está, ó morte, a tua vitória? Onde está, ó morte, o teu aguilhão?" (1 Coríntios 15, 55).

O problema do mal não é um problema de Deus – é um problema nosso.

Se existe um modelo perfeito e objetivo de bondade, sempre que escolhemos o mal nós estamos deixando de alcançar esse modelo. Mas acontece que os padrões da moralidade não são como regras matemáticas impessoais. A moral tem a ver com as pessoas escolherem entre o bem e o mal, então, o modelo perfeito de moralidade só pode vir de uma pessoa perfeita, ou de Deus. Isso quer dizer que sempre que escolhemos o mal nós estamos nos separando de Deus, que é o próprio Bem.

Felizmente, ao ressuscitar dos mortos, Jesus demonstrou que qualquer pessoa que confiar nele também poderá partilhar de sua ressurreição para a vida eterna. Deus concederá a todos os seguidores de Jesus a graça divina, ou a oferenda gratuita da vida divina em Deus. A graça de Deus nos dá o que é preciso para morrermos para nós mesmos e, se for necessário, para que morramos pelos outros.

Mas como podemos saber que Jesus é mesmo Deus? Como podemos saber que ele ressuscitou dos mortos? E se as histórias que ouvimos sobre Jesus não passarem só de histórias mesmo? Nós examinamos anteriormente as evidências filosóficas que sustentam a existência de Deus e, agora, precisamos examinar as evidências históricas que demonstram que esse Deus se revelou ao mundo na pessoa de Jesus Cristo.

Por que acreditamos: o bem vence o mal

- O mal é a ausência do bem.
- Um ser benevolente pode permitir que o mal exista se ele usar esse mal para promover um bem maior.
- Maldades e bondades objetivas só podem fazer sentido se houver uma lei moral que tenha se originado de um legislador perfeito, ou seja, Deus.

PARTE 2

JESUS E A BÍBLIA

POR QUE ACREDITAMOS EM JESUS

Muitas pessoas acreditam na existência de um Deus, ou pelo menos de um "poder superior" que criou o universo. Elas só não acreditam que necessitem de uma religião para compreender esse Deus. Elas dizem: "Por que eu deveria fazer parte de uma religião como o cristianismo, cheia de regras e de hipocrisia? Prefiro ser uma pessoa espiritualizada em vez de religiosa".

Espiritualidade x Religiosidade

Em primeiro lugar, não é algo ruim ser espiritualizado. Uma pessoa espiritualizada sabe que o mundo não é feito só de matéria física. E pode ser até que ela se sinta grata a Deus por toda a beleza que ele criou no mundo. Mas, da mesma maneira que a maioria das pessoas adoraria ter a chance de poder conhecer o seu artista favorito, alguém verdadeiramente espiritualizado terá vontade de conhecer o artista responsável pela criação de todo o universo. E esse processo de passar a conhecer a Deus e responder à revelação feita por ele é a essência da experiência religiosa.

O QUE A BÍBLIA DIZ SOBRE RELIGIÃO?

"Se alguém pensa ser piedoso, mas não refreia a sua língua e engana o seu coração, então é vã a sua religião. A religião pura e sem mácula aos olhos de Deus e nosso Pai é esta: visitar os órfãos e as viúvas nas suas aflições, e conservar-se puro da corrupção deste mundo." (Tiago 1, 26-27)

Hipocrisia, violência e "listas intermináveis de regras" não são bons motivos para rejeitar as religiões organizadas, ou, aliás, qualquer atividade humana organizada. Imagine alguém dizendo: "Eu não acredito em esportes organizados. As ligas esportivas estão cheias de trapaceiros e os torcedores são uns imbecis insuportáveis. Alguns deles até incitam episódios violentos com os tumultos que criam depois dos jogos. Isso sem falar no monte de regras sem sentido! Eu prefiro me exercitar sozinho, sem praticar nem mesmo assistir a nenhum esporte organizado"[32].

Está claro o paralelo que há entre uma postura assim e as críticas dirigidas à religião organizada.

Da mesma forma que seria injusto afirmar que todos os atletas são trapaceiros ou que todos os torcedores esportivos são imbecis, é injusto acusar todos os cristãos de serem hipócritas. O mesmo se aplica às alegações de violência religiosa, e também à ideia de que "a religião está por trás da maior parte das guerras". Os baderneiros não representam todos os torcedores e os extremistas religiosos não representam todas as pessoas de fé. A maior parte das guerras não é travada por causa da religião, e sim por motivos não religiosos, como assegurar a posse de territórios ou recursos naturais.

E o que dizer das regras supostamente sem sentido impostas pela religião?

Primeiro, todas as culturas têm parâmetros esperados de comportamento que, se fossem enumerados, resultariam em listas de regras bastante extensas. Você deve dizer sempre "por favor" e "obrigado", deixar de lado o celular quando estiver à mesa, tirar os sapatos ao entrar em casa, não mergulhar na parte rasa da piscina, e assim por diante.

O manual oficial de regras da Liga de Futebol Americano NFL tem mais de trezentas páginas, e elas se referem apenas a uma modalidade esportiva! Considerando que Deus nos ama e que a vida é mais complexa do que a etiqueta à mesa ou o futebol americano, não é de admirar que a revelação feita por Deus a nós inclua um bom número de princípios, criados com o intuito de nos ajudar a ser felizes e espiritualmente saudáveis.

Mas como podemos saber que esses princípios foram mesmo criados por Deus e não simplesmente inventados por seres humanos? Como distinguir que revelação ou quais preceitos religiosos devem ser seguidos? Isso nós podemos descobrir se voltarmos o nosso foco para a pessoa mais importante que já existiu em toda a história da humanidade.

Jesus, a questão

Quando eu estava tentando decidir se deveria me tornar cristão ou não, procurei ler tudo que podia sobre outras religiões. Num primeiro momento, me pareceu uma tarefa avassaladora querer comparar os ensinamentos de correntes religiosas, como o islamismo, o hinduísmo e o budismo à cristandade, mas então eu me dei conta de que todas elas continham uma coisa que poderia ser usada como fator de comparação: um ensinamento sobre Jesus Cristo.

EVIDÊNCIAS NÃO BÍBLICAS DA EXISTÊNCIA DE JESUS

O historiador judeu Josefo, do século I, escreveu que Jesus era um homem sábio que havia sido condenado à cruz por Pôncio Pilatos[33]. No princípio do século II, o historiador romano Tácito afirmou que os cristãos eram assim chamados por causa de "Christus", que havia sido "condenado à morte por Pôncio Pilatos, procurador da Judeia durante o reinado de Tibério"[34]. Bart Ehrman, estudioso agnóstico reconhecido como um dos maiores especialistas em estudos bíblicos, escreveu: "A ideia de que Jesus de fato existiu é endossada por praticamente todos os especialistas deste planeta"[35].

Quase todas as principais religiões do mundo trazem ensinamentos sobre a identidade de Jesus. Os judeus o viam como um mestre entre os seres humanos, os muçulmanos dizem que ele foi um profeta, e tanto hindus quanto budistas referem-se a Jesus como "um homem iluminado". O que todos querem dizer é essencialmente a mesma coisa: Jesus foi um homem notável, mas ele não era Deus. No entanto, se fosse verdade que Jesus era Deus, então, mesmo que todas essas religiões trouxessem bons ensinamentos, eu teria certeza de que nenhuma delas poderia ser a verdadeira revelação feita por Deus. Como poderiam ser, se haviam falhado em ensinar sobre o momento extraordinário em que Deus se fez homem na pessoa de Jesus Cristo?

Não é impressionante que até mesmo o nome *Jesus Cristo* seja capaz de provocar tanta tensão e desconforto? Há quem diga que isso é porque ele faz as pessoas se lembrarem de experiências negativas que tiveram na igreja ou de episódios violentos da história cristã. Mas as palavras "cristandade" ou "Igreja Católica" não provocam o mesmo tipo de ansiedade. O meu ponto de vista é que esse nome evoca sentimentos tão fortes nas pessoas porque ele, em si, tem poder. E o nome de Jesus tem poder porque a pessoa que o usou é Deus encarnado e tem poderes infinitos.

O QUE HÁ EM UM NOME?

- **Jesus:** do hebraico *Yeshua*, que significa "Deus salva".
- **Cristo:** do grego *Christos*, título que significa "o ungido" e tem o significado mais geral de "salvador".

E por que nós deveríamos acreditar em uma alegação tão extraordinária assim? Bem, vou enumerar aqui três motivos.

1. Jesus acreditava que era Deus, e podemos confiar nele nessa questão

Jesus via a si mesmo como mais do que um profeta humano ou um professor. Buda, por exemplo, costumava dizer: "Seja uma luz

Por que somos católicos

para si mesmo [...] busque a verdade e faça dela o seu refúgio"[36], ao passo que, de Jesus, ouvimos: "Eu sou a luz do mundo" (João 8, 12). E Jesus disse também: "Eu sou o caminho, a verdade e a vida; ninguém vem ao Pai senão por mim" (João 14, 6).

Outro indício da identidade divina de Jesus é que ele atuava como Deus, como, por exemplo, ao perdoar pecados, que é algo que apenas Deus tem autoridade para fazer (Marcos 2, 5-7). Em João 20, 28, o discípulo Tomé se dirige a Jesus como "meu Senhor e meu Deus" e Jesus não o corrige, porque Tomé está dizendo a verdade.

EVIDÊNCIAS BÍBLICAS DA DIVINDADE DE CRISTO

- Jesus é chamado de Deus (João 1, 1, Tito 2, 13, Colossenses 2, 9).
- Jesus atua como Deus (Marcos 2, 5-7, Lucas 22, 29, João 8, 58-59).
- Jesus é louvado como Deus (João 20, 28, Filipenses 2, 5-11, Hebreus 1, 6-8).

Na Bíblia hebraica, o nome de Deus era considerado tão sagrado que não podia ser pronunciado. Mesmo hoje em dia, muitos judeus usam a grafia "D'us" em vez de "Deus", para não desrespeitar o seu nome. Mas em João 8, 58, Jesus usa o nome sagrado e impronunciável de Deus para referir-se a si mesmo.

Ele declara "antes que Abraão fosse, eu sou", indicando que já existia como Deus antes do tempo de Abraão, que vivera milhares de anos antes. Essa declaração enfureceu os líderes judeus e os levou a querer matar Jesus, por ter cometido blasfêmia. Acontece que Jesus não estava blasfemando ao usar o nome de Deus, porque ele é Deus.

A essa altura, pode ser que alguém esteja dizendo: "Eu tenho que concordar que Jesus não era um *mentiroso* (já que ele se mostrou um bom professor) e que não era um *lunático* (já que se mostrou um professor sábio), mas talvez ele tenha sido uma *lenda*. Como podemos saber que Jesus realmente afirmou ser Deus? E se alguém decidiu acrescentar essas passagens à Bíblia para acobertar o fato histórico de um Jesus meramente humano?".

Isso nos leva ao próximo motivo.

2. Os documentos do Novo Testamento são genuínos

Hoje existem mais de 5.500 cópias dos manuscritos gregos do Novo Testamento. Há também 15 mil cópias redigidas em outros idiomas, como latim, copta e siríaco. A primeira cópia completa do Novo Testamento foi reunida num período de trezentos anos depois da confecção dos documentos originais[37]. Vamos parar um instante para comparar essa informação aos dados que temos sobre uma das obras literárias mais famosas da Grécia Antiga, a *Ilíada,* de Homero. Ela foi escrita no século VII a.C., e, embora alguns de seus fragmentos possam ser datados em um período de até quinhentos anos depois do tempo em que Homero viveu, a cópia completa mais antiga de que se tem notícia foi redigida apenas no século X d.C., 1.800 anos mais tarde.

Por terem existido tantas cópias do Novo Testamento no mundo antigo (incluindo mais milhares de outras que não sobreviveram até os dias de hoje), não seria possível que uma única pessoa ou grupo tivesse conseguido reunir todas elas para modificar a história de Jesus. Além disso, diferentemente das biografias de personagens como Alexandre, o Grande ou Buda, que foram escritas séculos depois da morte deles, as descrições de Jesus que lemos na Bíblia foram redigidas nas décadas que se seguiram à sua morte, ou por testemunhas oculares das pregações feitas por ele ou por pessoas que conheciam aqueles que testemunharam em primeira mão os ensinamentos de Jesus[38].

O especialista em estudos bíblicos F. F. Bruce é bastante direto ao afirmar: "Não existe no mundo outro corpo literário remanescente da Antiguidade que tenha tanta riqueza de comprovações da sua autenticidade quanto o Novo Testamento"[39].

3. Os primeiros cristãos adoravam a Jesus como sendo Deus

Os testemunhos cristãos mais antigos demonstram que eles acreditavam que Jesus era a "imagem de Deus invisível" (Colossenses 1, 15), na qual habitava corporalmente toda a plenitude da divindade (Colossenses 2, 8-9). Jesus possuía a "forma de Deus" e um nome ao qual todo joelho deveria se dobrar (Filipenses 2, 5-11). A Bíblia chega até mesmo a chamar Jesus de "nosso grande Deus e Salvador" (Tito 2, 13).

Quando o governador romano do século II conhecido como Plínio, o Jovem, exortou os cristãos a adorarem os deuses romanos, eles se recusaram. Na carta que redigiu ao imperador romano para explicar o episódio, Plínio disse que os cristãos "têm o hábito de se reunir num determinado dia, antes da luz, para cantar hinos a Cristo como a um deus, e que se vinculam a ele por juramento solene".

É preciso lembrar também que os primeiros cristãos eram convertidos do judaísmo. Ao longo de mais de mil anos, o povo judeu se distinguira de seus vizinhos pagãos por se recusarem a adorar animais ou homens como se fossem Deus. Os judeus dos tempos de Jesus jamais teriam se convencido de que ele era de fato Deus se não tivesse havido milagres, incluindo a sua ressurreição dos mortos, que comprovassem isso.

E, como Jesus realmente provou ser Deus, podemos confiar nas suas palavras quando ele diz: "Eu sou a ressurreição e a vida. Aquele que crê em mim, ainda que esteja morto, viverá. E todo aquele que vive e crê em mim, jamais morrerá. Crês nisto?" (João 11, 25-26).

A PEQUENA FLOR DE JESUS

Em 1887, Henri Panzini foi julgado culpado por um violento assassinato triplo em Paris. Thérèse Martin, de 14 anos, a filha mais jovem de uma devota família católica, soube que o condenado não se declarara arrependido do seu ato e passou a rezar dia e noite para que Panzini não fosse para o inferno. Ela recebeu então a notícia de que, quando estava com a cabeça posta sob a guilhotina, ele estendeu a mão para pegar um crucifixo que um padre estava segurando e o beijou três vezes. Mais tarde, em sua autobiografia, Thérèse escreveu sobre o fato de Deus ter atendido suas preces:

"Que sinal mais doce e inegável! Depois dessa graça tão especial, meu desejo de salvar almas foi crescendo a cada dia [...] a sede da minha pobre alma aumentou, e foi para saciar essa sede ardente que ele me deu goles extasiantes do seu amor"[40].

Thérèse desejava desesperadamente entrar para um convento, mas o bispo da sua localidade recusou-se a admiti-la, por ser muito jovem na ocasião. Meses depois da execução de Panzini, ela viu-se diante do Papa Leão XIII e então teve o seu pedido atendido. Thérèse referia-se a si mesma como "a pequena flor de Jesus", por não se considerar uma rosa imponente, mas sim uma simples flor silvestre, desabrochando onde havia sido plantada por Deus.

Mesmo tendo falecido de tuberculose, com apenas 24 anos de idade, a sua autobiografia serviu de inspiração para que inúmeras pessoas passassem a seguir a Jesus e a louvá-lo, independentemente das circunstâncias, por mais humildes que fossem. Ironicamente, a sabedoria modesta da Flor de Jesus acabou tendo um impacto tão profundo que, em 1997, Thérèse foi declarada Doutora da Igreja. Dos cerca de 10 mil santos reconhecidos pela Igreja Católica, apenas 36 receberam esse título.

Por que acreditamos: Jesus

- Se Deus existe e revelou-se para a humanidade, então não é de admirar que tenha nos legado também um meio de respondermos a ele, ou aquilo a que muitos chamam de "religião organizada".

- Jesus afirmava ser Deus, e provou-se bondoso demais para ser um mentiroso e sábio demais para ser um lunático.

- Evidências textuais demonstram que a Bíblia é uma fonte historicamente confiável, e que as alegações feitas por Jesus sobre a própria divindade não foram adendos fantasiosos acrescentados posteriormente aos textos bíblicos.

POR QUE ACREDITAMOS NA RESSURREIÇÃO

A Bíblia afirma que, se Jesus não ressuscitou dos mortos, então a fé cristã é inútil (1 Coríntios 15, 17). Entretanto, se Jesus de fato ressuscitou, então podemos saber que cumprirá sua promessa de dar a vida eterna aos seus seguidores (1 João 2, 25). Mas como podemos ter certeza de que Jesus de fato se reergueu dos mortos e de que a descrição desse milagre encontrada na Bíblia não é simplesmente uma história que foi inventada por alguém?

Uma das formas é demonstrando que a Ressurreição é a única explicação possível para certos eventos relacionados à morte de Jesus, os quais quase todas as pessoas, incluindo muitos céticos, aceitam como fatos históricos legítimos. Até mesmo estudiosos que não veem a Bíblia como a palavra de Deus admitem que o seu conteúdo não é inteiramente inventado. O estudioso cético John Dominic Crossan, por exemplo, nega que Jesus tenha ressurgido dos mortos, mas ele diz: "O fato de ele ter sido crucificado é tão certo quanto qualquer outro evento histórico"[41].

Da mesma forma, Gerd Lüdemann, ateu estudioso do Novo Testamento, afirma que "podemos atestar historicamente que Pedro e os discípulos tiveram experiências depois do evento da morte de Jesus em que ele lhes apareceu como o Cristo ressuscitado"[42]. Lüdemann não acredita que Jesus tenha de fato ressuscitado dos mortos, mas que, em vez disso, os apóstolos tiveram uma alucinação. Ele admite, no entanto, que eles *pensaram* ter visto Jesus ressurreto, e que esse fato histórico requer uma explicação.

Depois de examinarmos as diversas teorias elaboradas para dar essa explicação, você verá que apenas uma delas é capaz de esclarecer: 1) a morte de Jesus pela Crucificação; 2) o seu túmulo vazio; 3) as aparições aos discípulos em momentos posteriores à Crucificação; e 4) a disposição dos discípulos de morrer pela sua fé. E essa teoria é a de que Jesus de fato ressuscitou dos mortos.

A teoria do desfalecimento

Uma explicação possível para os fatos relatados seria entender que Jesus não chegou a morrer. Talvez ele tenha só desmaiado enquanto estava suspenso na cruz e, quando voltou a si, estava dentro do túmulo. Em seguida, ele teria então ido ao encontro dos discípulos, que pensaram erroneamente estar diante do mestre ressurgido dos mortos. Mas, mesmo que Jesus de alguma forma tivesse sobrevivido à Crucificação, os apóstolos jamais teriam achado que ele havia ressuscitado milagrosamente. Ao verem o seu corpo ensanguentado e mutilado, eles entenderiam que Jesus havia *escapado* da morte, não retornado dela, e correriam para tratar dos seus ferimentos.

Além disso, a chance de que ele teria sobrevivido à cruz é quase nula. Em 1986, a Associação Médica Americana publicou uma análise dos registros mais antigos que se tem da Crucificação[43]. O estudo concluía que teria sido quase impossível que Jesus sobrevivesse aos açoites repetidos que retalharam sua pele e à asfixia provocada pela suspensão na cruz.

A teoria da vala comum

Como podemos saber se Jesus não foi simplesmente atirado numa vala anônima e ficou esquecido lá até os discípulos imaginarem que o tinham visto com vida novamente? A teoria que trata da possível alucinação coletiva será examinada mais adiante, mas primeiro vamos imaginar que Jesus simplesmente não tenha tido um sepultamento digno e que o seu corpo foi abandonado numa vala comum destinada aos criminosos.

De acordo com Deuteronômio 21, 22-23, o povo judeu era proibido de deixar o corpo de um criminoso que tivesse sido enforcado numa árvore pendurado nela, portanto Jesus teria que ser sepultado imediatamente depois de ter morrido na cruz. Aliás, o único esqueleto remanescente de uma crucificação do século I descoberto por arqueólogos foi encontrado dentro de um jazigo, e não no lote aleatório de algum cemitério para criminosos[44]. O sepultamento de Jesus em uma tumba também é descrito nos quatro Evangelhos e corroborado na primeira carta de Paulo aos coríntios.

Os Evangelhos nos contam que José de Arimateia, que era membro do tribunal que condenou Jesus à morte, foi quem sepultou o corpo (apesar de que em João 19, 38 nós ficamos sabendo que José era um dos seguidores de Jesus, mas fazia isso em segredo, por medo da reação das outras lideranças judaicas). Se os redatores dos Evangelhos tivessem decidido inventar a parte em que Jesus foi sepultado em um túmulo, o mais provável era que tivessem descrito um funeral honroso, conduzido por seus amigos e pela família.

Assim, há boas evidências históricas de que, depois da Crucificação, o corpo de Jesus foi mesmo sepultado num jazigo identificável, e não ficou perdido em uma vala comum.

A teoria da alucinação

A maior parte dos historiadores concorda que os discípulos pensaram ter visto Jesus ressurreto. A passagem em que o mestre aparece para eles não foi uma lenda elaborada séculos mais tarde, mas um relato legítimo registrado pelo apóstolo Paulo (1 Coríntios 15, 3-7). A existência de Paulo é reconhecida quase unanimemente entre os historiadores, nós temos as cartas que foram escritas por ele, e Paulo conhecia as pessoas que afirmaram ter visto o Cristo ressuscitado (Gálatas 1, 18-19). Mas será que essas experiências podem ter sido meras alucinações, provocadas pelo luto dilacerante enfrentado por esses homens depois da execução de Jesus?

Em primeiro lugar, quase sempre alucinações costumam ser experiências individuais, e não coletivas. Diversos autores bíblicos confirmam que foram grupos de discípulos que relataram ter visto Jesus depois da sua morte (Lucas 24, 36-49, 1 Coríntios 15, 5-6). E, como escreve o psicólogo Gary Collins, "pela própria natureza das alucinações, apenas uma pessoa por vez pode vivenciar uma delas. Certamente, não se trata de algo que possa ser visto por um grupo de pessoas ao mesmo tempo"[45].

UM ATEU ADMITE: AS EVIDÊNCIAS SÃO IRREFUTÁVEIS

Houve um tempo em que Antony Flew era um dos ateus mais conhecidos do mundo ocidental. O seu ensaio "Teologia e falsificação" foi um dos mais publicados na história da filosofia do século XX. Por isso mesmo é relevante notar que até mesmo ele admitiu, em debate com um cristão, que "as evidências da Ressurreição são mais sólidas do que as que se tem para milagres alegados por qualquer outra religião. Elas são notoriamente diferentes, tanto em termos de quantidade quanto de qualidade"[46].

O Corão, por exemplo, não traz nenhum relato de milagres que tenham sido feitos por Maomé, e as fontes mais antigas referentes a Buda afirmam que ele se recusava a fazer milagres[47]. Em ambos os casos, só aparece alguma ligação desses homens com milagres em lendas escritas séculos depois de sua morte. Isso contrasta fortemente com os relatos sobre a ressurreição de Cristo que temos na Bíblia. Diferentemente das histórias que se tem sobre outros milagreiros da Antiguidade, os relatos cristãos foram escritos décadas (e não séculos) depois dos eventos que descrevem e encontram-se preservados em diversas fontes diferentes.

Além disso, a teoria de que os discípulos enlutados tiveram alucinações em que viam Jesus ressuscitado não explica por que inimigos da Igreja também acreditaram na Ressurreição. O exemplo mais famoso disso é o de São Paulo, que era um líder judeu que perseguia a Igreja, até que um encontro com o Cristo ressurreto o levou a aderir à "heresia judaica" que vinha combatendo até então. A melhor explicação para uma conversão tão repentina é assumir que Jesus de fato apareceu para Paulo, da mesma maneira como havia aparecido para outros de seus discípulos após a ressurreição.

O sepulcro vazio

Pouco tempo depois de ter perdido uma amiga, há alguns anos, eu tive um sonho muito vívido, em que ela aparecia com vida. Caso tivesse percebido a presença dela quando estava acordado, eu teria ido checar o seu túmulo e, se o encontrasse vazio, poderia saber que não tivera uma alucinação. Isso nos leva ao argumento mais simples que temos para refutar a teoria da alucinação: a qualquer momento, os apóstolos poderiam ter visitado o túmulo de Jesus para verificar se havia um corpo nele, e, caso houvesse, isso provaria que o Jesus que pensavam ter visto não passara de uma alucinação.

Nós já examinamos as evidências históricas de que Jesus foi sepultado em um túmulo identificável. Os Evangelhos nos contam que, no domingo depois da Ressurreição, um grupo de mulheres descobriu que o sepulcro estava vazio. Mas por que deveríamos acreditar que o túmulo de Jesus estava mesmo vazio e que isso não foi inventado pelos redatores dos Evangelhos? Bem, existem três motivos para isso, e eles podem ser resumidos pela sigla em inglês JET[48].

Primeiro, os discípulos alardearam que o sepulcro estava vazio na cidade de Jerusalém. Caso isso fosse mentira, inimigos da Igreja poderiam facilmente tirar o corpo do sepulcro e provar com isso que Jesus não havia ressuscitado dos mortos.

Em segundo lugar, os primeiros inimigos da Igreja também admitiram que o sepulcro estava vazio. No Evangelho de Mateus, lemos que as lideranças judaicas da época em que o texto foi redigido (cerca de quarenta ou cinquenta anos depois da Crucificação) acreditavam que o corpo de Jesus havia sido roubado do túmulo (Mateus 28, 11-15). São Justino, o Mártir, autor cristão do século II, também afirma que os judeus da sua época acreditavam que o corpo de Jesus havia sido roubado[49]. Eu vou dizer mais adiante por que essa explicação não poderia ser verdadeira, mas note que nenhum dos críticos alega que os discípulos haviam tido uma alucinação – pois nesse caso eles teriam que explicar por que o túmulo de Jesus de fato estava vazio.

Por fim, os Evangelhos incluem testemunhos das mulheres que descobriram o sepulcro. Na época de Jesus, o testemunho de uma mulher era considerado como tendo tanto valor quanto o de uma criança ou de um criminoso. O compêndio da antiga sabedoria judaica conhecido como Talmude afirma que "é melhor que as palavras da Torá sejam queimadas do que confiadas às mulheres"[50]. O historiador judeu Josefo afirmou que "a leviandade e o atrevimento" da mulher faziam com que testemunhos femininos não fossem confiáveis[51]. Se os autores dos Evangelhos quisessem inventar a passagem sobre o fato de o sepulcro de Jesus ter sido encontrado vazio, eles teriam usado personagens mais confiáveis, como Pedro ou João. O detalhe constrangedor de que foram as mulheres que fizeram a descoberta só pode ter sido incluído no relato porque foi isso que de fato aconteceu.

O TÚMULO DE JESUS ESTAVA MESMO VAZIO?

J – Apóstolos anunciaram o acontecido em **Jerusalém**, onde seria fácil desmentir a história caso fosse inverídica.

E – Inimigos da fé cristã também admitiram que o sepulcro estava vazio.

T – O fato constrangedor de que o **testemunho** do ocorrido foi dado por mulheres provavelmente não constaria em uma história inventada.

A teoria da fraude

É possível que os discípulos de Jesus tenham roubado o corpo e dito às pessoas que o Messias havia se erguido dos mortos? Embora não seja impossível que as coisas tenham acontecido dessa forma, parece extremamente improvável. Isso porque não se tem evidência de nenhum vazamento sobre a trama – não há registro de relato de cristão admitindo que o episódio foi forjado. Além do mais, fraudes desse tipo em geral são cometidas em troca de alguma vantagem pessoal, e a única coisa que os discípulos teriam a ganhar por inventar uma história assim seria serem perseguidos e mortos. Como não se tem notícia de pessoas dispostas a morrer deliberadamente por causa de mentiras, podemos estar certos de que os discípulos de Jesus realmente acreditavam na Ressurreição quando a anunciaram às pessoas[52].

Obviamente, há inúmeros registros históricos de pessoas que acabaram morrendo por causa de coisas que achavam que eram verdade. Os homens-bomba muçulmanos morrem pela fé islâmica porque acreditam que Deus irá recompensá-los no céu, mas a sinceridade da sua crença não prova que o Islã está correto. A diferença fundamental, entretanto, é que os homens-bomba não têm como saber que o Islã não é verdadeiro (eles jamais interagiram com o profeta muçulmano Maomé, que viveu séculos antes deles). Os apóstolos de Jesus, por outro lado, poderiam verificar se a promessa do cristianismo era falsa caso fossem checar o túmulo de Jesus e constatassem que o corpo dele continuava lá.

Não há chance de que eles todos tenham sido enganados, ou que tenham escolhido morrer dolorosamente apenas para enganar outras pessoas. O mais provável é que a ressurreição de Jesus de fato tenha acontecido e que isso lhes deu coragem para compartilhar a boa nova, mesmo sob ameaça de perseguição. Eles sabiam que, mesmo que tivessem que morrer em nome de Cristo, ele lhes daria a vida eterna. E nós também podemos ter a vida eterna, se confiarmos nas promessas de Deus e escolhermos ser batizados na Ressurreição de Jesus Cristo (Romanos 6, 3-5).

"EU ESTOU PRONTO PARA SER CRISTÃO"

Eu me lembro da noite que passei em claro, nos tempos de colégio, assistindo pela internet a um debate entre cristãos e ateus. Havia uma questão que não me deixava em paz: como tudo havia começado? O cristianismo não foi iniciado com o episódio de uma pessoa tendo visões de Deus que não podiam ser confirmadas por mais ninguém. Ele teve início com a proclamação pública de que um homem havia se erguido dos mortos. Uma proclamação que conta com evidências históricas, como o túmulo vazio, para provar que o acontecimento não fora uma fraude nem uma alucinação. Nessa noite eu me dei conta de que Jesus verdadeiramente estava vivo e de que ele era o Deus "em algum lugar aí fora", que havia povoado vagamente o meu pensamento durante tantos anos. Então eu baixei a cabeça, voltei as palmas das minhas mãos para cima e rezei: "Jesus, se você é de verdade, me ajude a acreditar. Eu estou pronto para ser cristão".

Por que acreditamos: Ressurreição

- Até mesmo os céticos admitem que Jesus foi crucificado, sepultado, que o seu túmulo foi encontrado vazio, que os discípulos o viram depois da sua morte e que estavam dispostos a morrer por essa verdade.

- Outras explicações, como tudo ter sido alucinação ou uma fraude, só são suficientes para esclarecer uma parte dos fatos.

- A explicação mais plausível que se tem para todos os fatos aqui relatados é que Jesus realmente ressurgiu dos mortos.

POR QUE ACREDITAMOS NA TRINDADE

Um dia, quando eu estava indo para casa com meu amigo Adam, depois da aula, contei a ele sobre os debates de que vinha participando com os colegas do grupo de jovens católicos.

Eu falei:

– Nós conversamos sobre Jesus, e, do ponto de vista deles, ele é Deus.

– Tipo, o Deus que criou todas as coisas?

– Isso.

Adam ficou olhando para baixo um instante, refletindo, e depois falou:

– Mas eu achei que eles acreditavam que Jesus era o Filho de Deus, e não Deus.

– Eles acreditam – eu respondi –, mas não estou bem certo da diferença. Vou pesquisar melhor.

Então eu mergulhei nos livros, em especial o *Catecismo da Igreja Católica*, que é, basicamente, o manual que explica as crenças dos católicos. De acordo com o *Catecismo*, os cristãos acreditam em um Deus único que existe na forma de uma Trindade, com três pessoas divinas: o Pai, o Filho e o Espírito Santo. O texto diz: "As pessoas divinas não dividem entre si a divindade única: cada uma delas é Deus por inteiro" (CIC, parágrafo 253).

Mas como pode existir *um só* Deus em *três* pessoas? Isso não é contraditório?

O que é a Trindade?

Para compreender a Trindade, nós temos que entender três termos-chave: ser, pessoa e natureza.

Um *ser* é uma entidade existente, ou "*o fato* de que algo *é*"; uma *pessoa* é um indivíduo racional, ou "*quem* alguém *é*"; e uma *natureza* refere-se a "*o que* uma coisa *é*". Por exemplo: se você existe, você é um tipo de ser (no caso, um animal). Você também é uma pessoa com natureza humana, ou seja, tem a capacidade de se comportar da maneira distinta como os humanos se comportam. Portanto, você é um *ser* que é uma *pessoa* e que possui uma *natureza* humana.

PARA DEFINIR OS TERMOS:

- **Ser:** uma entidade existente (o *fato* de que algo é).
- **Pessoa:** um vínculo ou indivíduo capaz de raciocinar (*quem* algo é).
- **Natureza:** os traços e finalidades de um determinado ser (o *que* algo é).

Deus é um ser que existe como três pessoas, cada uma das quais dotada inteiramente de natureza divina.

E como isso se aplica a Deus? Os cristãos não acreditam que Deus seja *uma pessoa* com atributos infinitos. Essa crença, sustentada, por exemplo, por judeus e muçulmanos, é chamada de unitarismo. Os cristãos acreditam que Deus é *um ser* que existe como *três pessoas,* cada uma das quais inteiramente dotada de *natureza* divina. Os cristãos não são unitaristas, e sim trinitários. Eles acreditam que, por haver um só Deus, e como a Bíblia demonstra que o Pai é Deus, que o Filho é Deus e que o Espírito Santo é Deus, isso quer dizer que o Deus único só pode ser três pessoas. Em Mateus 28, 19 temos uma indicação dessa realidade, quando o texto relata que Jesus batizava em *nome* (e não pelos nomes) do Pai, do Filho e do Espírito Santo.

A Trindade não poderá ser compreendida enquanto pensarmos que "seres" e "pessoas" são a mesma coisa. Se pudermos reconhecer que há seres que não são de forma nenhuma pessoas (como as rochas e as árvores) e que há seres que são uma pessoa (como os humanos e os anjos), então torna-se possível conceber um ser que seja três pessoas, como Deus.

O ESPÍRITO SANTO É DEUS?

Muitas pessoas pensam que o Espírito Santo é apenas um tipo de força, mas a Bíblia traz relatos do Espírito falando às pessoas por meio de frases, comprovando se tratar de uma pessoa (Atos 13, 2). Também diz a Bíblia que o Espírito Santo nos guiará "em toda a verdade" (João 16,13), e que só o Espírito conhece as coisas de Deus (1 Coríntios 2,11). Quem mais além do próprio Deus poderia saber de toda a verdade ou entender os pensamentos de Deus?

O apóstolo Pedro demonstra que o Espírito Santo é Deus quando interpela Ananias, que havia mentido e retido dinheiro que era devido aos apóstolos, dizendo: "Ananias, por que tomou conta Satanás do teu coração, para que mentisses ao Espírito Santo e enganasses acerca do valor do campo? [...] Não foi aos homens que mentiste, mas a Deus" (Atos 5, 3-4).

Não apenas o Espírito Santo é uma pessoa para quem se pode mentir, mas mentir para o Espírito Santo é a mesma coisa que mentir a Deus, porque o Espírito Santo é a terceira pessoa da Trindade.

Deus ou *um* Deus?

Uma maneira de compreendermos a Trindade é voltando-nos para as religiões que não a entendem. Por exemplo, numa conversa que tive com dois missionários mórmons, nós discutimos sobre a crença de que Jesus é Deus. Eles disseram:

– De jeito nenhum. Jesus é o Filho de Deus.

Eu perguntei então se eles rezariam para Jesus, o que os deixou visivelmente desconfortáveis, e a resposta foi:

– Não. Os mórmons não fazem isso.

O motivo pelo qual os mórmons não rezam para Jesus é porque eles acreditam que a Trindade é um conjunto de três seres divinos separados, e não três pessoas num mesmo ser, e que o Pai criou o Filho e o Espírito Santo[53]. Eles acreditam até mesmo que Jesus é nosso "irmão mais velho" e que, se seguirmos os ensinamentos da igreja mórmon, nós nos tornaremos "deuses" da mesma forma que Jesus e o Pai "se tornaram deuses" em algum momento do passado[54]. Isso, é claro, contradiz as evidências discutidas aqui anteriormente, que demonstram que o Criador do universo necessariamente tem que existir sem limitações e que, portanto, só pode haver um Deus infinito. E contradiz também os testemunhos das Escrituras, que afirmam haver um só Deus (Deuteronômio 4, 39, Isaías 45, 5, João 17, 3)[55].

Depois de ouvir isso, eu disse aos missionários:

– Eu lhes agradeço por tentarem compartilhar a sua fé, mas amo ser cristão. A razão pela qual eu jamais poderia me tornar mórmon é que o relacionamento que tenho com Jesus Cristo me faria muita falta. Eu amo rezar para Jesus e saber que ele não é "um deus", mas, como disse o apóstolo Tomé, é o "meu Senhor e meu Deus" (João 20, 28).

Testemunhas de Jeová também negam a Trindade porque acreditam existir só um Deus "verdadeiro" e "grandioso", que é o Pai. Para eles, Jesus é apenas "um deus" que foi criado pelo Pai, e acreditam nisso por Jesus ter afirmado: "o Pai é maior do que eu" (João 14, 28). Acontece que, ao dizer isso, Jesus estava se referindo à *posição* do Pai, que reinava gloriosamente nos céus enquanto Jesus pregava humildemente aos homens na terra.

Quando Deus Filho tornou-se homem, ele foi "colocado abaixo dos anjos" (Hebreus 2, 9), mas Jesus não era um homem glorificado ou algum tipo de anjo. (Para as testemunhas de Jeová, Jesus e o Arcanjo Miguel são a mesma pessoa[56].) Em Hebreus 1, 4-6, lemos que Jesus é superior aos anjos porque o seu nome é mais excelente que o deles. Afinal, para qual dos anjos Deus alguma vez disse "Tu és meu filho, eu hoje te gerei"? ou, então, "Eu serei teu Pai e ele será meu Filho"? Ou, ainda, em que outro momento declarou, como fez ao trazer seu primogênito ao mundo: *Todos os anjos de Deus o adorem* (grifo meu)[57].

Os anjos não adoram outros anjos, eles adoram apenas a Deus. Mas se o filho de um cão é um cão, e se o filho de um homem é um homem, então o filho de Deus terá que ser Deus. Se existe apenas um Deus, então só é possível que ele exista como mais de uma pessoa passível de ser adorada: o Pai, o Filho e o Espírito Santo.

Deus pode morrer?

Há quem pergunte: "Como Jesus pode ser Deus se ele orava para Deus? Como Jesus pode ser Deus se ele morreu na cruz?"

Dizer que "Jesus é Deus" significa que Jesus é uma pessoa divina, uma das três pessoas divinas que pertencem à Trindade. O Pai e o Espírito Santo não se tornaram humanos, mas o Filho, sim. Ao fazer isso, Jesus continuou sendo uma *pessoa* divina, com uma *natureza divina* plena, mas também assumiu uma *natureza humana* adicional. Portanto, tudo que é verdade sobre Jesus também é verdade sobre Deus, mesmo que isso possa soar estranho num primeiro momento. Por exemplo, como Jesus morreu na cruz, também é verdade que Deus morreu na cruz, porque Jesus é Deus.

Obviamente, Deus não *retirou-se da existência,* mas não é isso que a morte quer dizer. A morte acontece quando as partes de um ser vivo são divididas em seus componentes mais básicos, ou se decompõem. A alma de Jesus separou-se do seu corpo, e foi assim que Jesus, o Deus feito homem, morreu. Jesus não se retirou da existência, mas a sua alma seguiu existindo separada do corpo. Entretanto, por meio de sua natureza divina, Jesus foi capaz de reunificar seu corpo e sua alma e reerguer-se dos mortos[58]. Deus morreu na cruz, mas ele também se reergueu dos mortos para a gloriosa vida eterna.

Da mesma maneira, quando Jesus rezava para Deus, ele não estava falando consigo mesmo – ele estava orando ao Pai. Como Deus é mais do que uma pessoa, não há contradição no fato de Deus Filho tornado humano rezar para o Pai que está no céu. Deus é nosso pai por adoção (Romanos 8, 15), mas pai de Jesus por natureza (João 1, 18), já que tanto o Pai quanto o Filho são igualmente divinos. A Bíblia chega mesmo a relatar que os judeus quiseram apedrejar Jesus porque ele "afirmava que Deus era seu Pai e se fazia igual a Deus" (João 5, 18).

Uma pessoa ou três pessoas?

Outra interpretação errônea acontece quando as pessoas afirmam que a Trindade é como se fosse um mesmo homem sendo pai, marido e filho ao mesmo tempo. Essa não é uma explicação do dogma trinitário, mas consiste na heresia do modalismo, que diz que a Trindade é formada por três aspectos ou *modalidades* de Deus, cada uma das quais com um papel diferente. Essa visão é muito comum entre os cristãos do movimento "Só Jesus" ou pentecostalismo unicista.

Eles afirmam que existe só um Deus, e que esse Deus se manifesta como Pai em algumas ocasiões e como Filho ou Espírito Santo em outras. Mas isso não faz sentido à luz das passagens da Escritura em que Jesus fala com o Pai (João 17), ou naquelas em que diz que retornará ao Pai (João 14, 12) ou que o Filho enviará o Espírito Santo em seu lugar (João 14, 16-17, Atos 2, 33).

Se a minha qualidade de marido e a minha qualidade de pai não podem conversar entre si, isso quer dizer que Filho de Deus não é um "papel" desempenhado por Deus. Ele é uma das pessoas que Deus verdadeiramente é, ou a pessoa de Jesus Cristo. Deus não é uma única pessoa, mas um ser que existe em três pessoas coiguais e coeternas.

UMA INFLUÊNCIA PAGÃ?

Há testemunhas de Jeová que afirmam que os primeiros cristãos não acreditavam na Trindade. Eles dizem que, quando a cristandade se tornou a religião oficial do Império Romano, no século IV, os pagãos convertidos levaram consigo essa ideia herética sobre Deus para a nova fé. Mas, cem anos antes disso, o escritor eclesiástico Tertuliano já havia dito que "a unidade é distribuída em uma Trindade, a saber, pela ordem: o Pai, o Filho e o Espírito"[59].

Embora esse seja um mistério que desafie a nossa compreensão humana, a doutrina da Trindade não é apenas uma curiosidade teológica. Na verdade, ela é a demonstração de um dos atributos mais impressionantes de Deus: o fato de que ele é *amor* (1 João 4, 8).

Deus não é um ser solitário que existe sozinho desde os primórdios da eternidade. Sendo o amor em si mesmo, Deus é um relacionamento de pessoas que eternamente oferecem e recebem amor entre si. O amor de Deus é tão infinito que ele deseja partilhá-lo com cada um de nós, e foi isso que Jesus quis ressaltar quando disse: "Se alguém me ama, guardará a minha palavra e meu Pai o amará, e nós viremos a ele e nele faremos nossa morada" (João 14, 23).

Por que acreditamos: a Trindade

- A Bíblia ensina que só há um Deus.
- O Pai, o Filho e o Espírito Santo são três pessoas separadas que partilham a mesma natureza divina – ou seja, cada um deles é Deus.
- Portanto, Deus é um único ser que existe na forma de uma Trindade, em três pessoas coiguais, coeternas e divinas.

POR QUE ACREDITAMOS NA BÍBLIA

Uma vez, quando eu estava dando uma palestra em uma universidade, um jovem me perguntou:

– Como você pode acreditar na Bíblia se ela contradiz a ciência e ainda diz que quem violar uma lei do Antigo Testamento será apedrejado até a morte? Ela chega mesmo a estimular que as pessoas matem umas às outras. Como pode acreditar numa coisa dessas?

Eu fiquei olhando para ele por um instante e então falei:

– Essas são ótimas questões, e eu fico feliz por poder responder a cada uma delas, mas o motivo principal pelo qual eu acredito na Bíblia é porque Jesus acreditava na Bíblia. E se um cara foi capaz de sair do próprio túmulo, eu confio no critério dele.

Continuei dizendo ao rapaz que a Bíblia é a palavra de Deus, mas que Deus permitiu que muitos autores humanos diferentes redigissem os setenta e três livros que a compõem. Esses autores escreveram apenas o que Deus queria que escrevessem, mas Deus permitiu que cada um usasse o seu próprio estilo e sua perspectiva humana no trecho pelo qual foi responsável. E que nós temos que levar isso em consideração, e não ler a Bíblia como se fosse um manual de instruções que Deus redigiu e enviou pronto dos céus.

> A Bíblia é totalmente divina em termos de inspiração e completamente humana na sua composição, isenta de erros e escrita de modo a nos salvar do pecado.

Depois, eu passei alguns minutos partilhando com esse jovem o "quadro geral" do ensinamento que a Bíblia traz.

Criação e alianças

A Bíblia (que tem esse nome por causa do termo grego para "livro") é uma coletânea de livros e cartas escritos ao longo de alguns séculos que descrevem a revelação feita por Deus à humanidade e a resposta humana a essa revelação. Também chamada de Sagrada Escritura, a Bíblia é dividida em duas partes principais: o Antigo Testamento e o Novo Testamento.

Gênesis, o seu primeiro livro, ensina que Deus criou o mundo e fez os seres humanos à sua imagem. O início do Gênesis é escrito no estilo da poesia épica e, portanto, a descrição que ele traz da criação do mundo em seis dias não é de natureza científica. O texto relata, por exemplo, como Deus criou "a luz" no primeiro dia, mas fez o sol, aquilo que até mesmo os povos antigos já sabiam que é a fonte da nossa luz, apenas no quarto dia. Isso se explica pelo fato de o autor do Gênesis estar usando uma linguagem poética e não literal, em vez de fazer uma descrição cronológica e literal da Criação.

Outro exemplo de descrição verdadeira e ao mesmo tempo não

literal seria a explicação que os pais dão às crianças pequenas sobre como surgem os bebês, dizendo que "o pai planta uma sementinha que cresce na barriga da mamãe". Essa é uma descrição que de fato corresponde à realidade, só não pode ser tomada literalmente. Da mesma forma, a Igreja Católica ensina que o livro do Gênesis também é uma descrição verdadeira da Criação do mundo, só que faz isso por meio de uma linguagem não literal[60].

O Gênesis também relata como os nossos primeiros ancestrais se rebelaram contra Deus e como Deus se revelou progressivamente aos seres humanos para salvar a humanidade do pecado e da morte. O processo envolveu a formação de *alianças,* ou pactos sagrados de lealdade selados por Deus com homens como Noé e Abraão, este último destinado a se tornar o patriarca do povo escolhido de Deus, a nação de Israel. No Egito, escavações arqueológicas encontraram um grande monumento de granito datado do ano 1208 a.C., a Estela de Merneptá, que faz referência à existência de Israel[61]. Deus decretou que esse povo, que recebeu o nome do neto de Abraão, abençoaria o mundo todo.

Um povo que se torna uma nação

Os livros seguintes da Bíblia descrevem como o povo de Israel viveu escravizado no Egito, até que Deus criou uma aliança com Moisés. Moisés guiou o povo de Israel para fora do Egito pelo deserto, por onde eles andaram durante quarenta anos. Por fim, eles se estabeleceram na terra que Deus havia lhes prometido, numa região chamada de Canaã (localizada onde atualmente se situa o Estado de Israel).

Ao longo desse tempo, Deus deu a seu povo leis que às vezes os leitores atuais da Bíblia não compreendem bem, como a proibição de comer carne de porco ou de misturar tecidos. Apenas algumas dessas leis (como, por exemplo, "não matarás") continuam mandatórias para os fiéis de hoje em dia. Outras leis "de purificação", como "não comerás carne de porco", dirigiam-se apenas ao antigo povo de Israel, mas elas serviram a um propósito importante.

Essas leis foram estabelecidas para separar Israel de outras nações que poderiam aliciar o povo a adorar deuses pagãos que praticavam o incesto, promoviam a prostituição e exigiam o sacrifício de crianças na fogueira. As leis que proibiam os israelitas de comer certos alimentos ou vestir certo tipo de roupa os ajudavam a ver que eles não deveriam imitar as outras nações, mas permanecer únicos e "puros" na sua adoração e no seu amor por Deus.

Eu vou fazer uma analogia que pode ajudar a compreender essa distinção. Quando eu era pequeno, minha mãe impunha duas regras: segurar a mão dela para atravessar a rua e não beber nada dos frascos que ficavam debaixo da pia. As leis de purificação eram como a regra imposta pela minha mãe de segurar a mão. Elas ajudavam os israelitas a entender a disciplina requerida pelas leis de Deus e os protegiam das influências pagãs destrutivas (da mesma forma que segurar a mão da minha mãe me protegia dos motoristas imprudentes). As leis morais, por outro lado, tratam de coisas que serão sempre prejudiciais, como assassinato ou adultério, portanto os cristãos devem segui-las até hoje, embora tenham sido apresentadas nos tempos do Antigo Testamento (da mesma forma que eu continuo seguindo a regra que diz: "se está debaixo da pia, não beba!").

Uma nação entra em guerra

Os primeiros cinco livros da Bíblia, que os judeus chamam de Torá e os estudiosos chamam de Pentateuco, se encerram com a morte de Moisés e o estabelecimento de seu sucessor, Josué. O livro de Josué dá prosseguimento à história de Israel e descreve como o povo batalhou contra as tribos hostis que habitavam as terras de Canaã (os cananeus). Trechos da descrição incluem ordens para eliminar nações inteiras, o que pode soar bastante perturbador. Mas, como foi Deus que nos legou a vida, somente Ele tem autoridade para acabar com ela a qualquer momento e da maneira que for. E isso inclui usar o seu povo escolhido para organizar um julgamento contra uma cultura conhecida por sua corrupção e crueldade sem paralelo.

Pode ser também que a linguagem usada em tais textos seja exagerada, não literal, "retórica de tempos de guerra". Uma linguagem semelhante à usada quando se diz que o seu time favorito "destruiu" ou "massacrou" o adversário. Os relatos de batalhas da Antiguidade também se valem desse tipo de linguagem, como pode ser visto na

Estela de Merneptá. O texto afirma que Israel foi "devastada e sua descendência já não há", quando sabemos que a nação israelita continuou existindo por séculos depois de a estela ter sido erigida.

SACRIFÍCIOS DE CRIANÇAS NA ANTIGUIDADE

O povo de Deus era proibido de oferecer sacrifícios humanos, mas esse tipo de sacrifício era comum entre os cananeus, o que os levou a serem julgados e condenados por Deus. Veja como um historiador da Antiguidade descreve os tais sacrifícios:

"Há na parte central uma estátua de bronze de Cronos, com as mãos estendidas sobre um braseiro de bronze, cujas chamas engolfam o corpo da criança. Quando atingidos pelo fogo, os membros se contraem e a boca aberta quase parece estar rindo, até que o [corpo] contraído sucumbe silenciosamente no braseiro"[62].

O fato de o livro dos Juízes descrever a existência dessas mesmas nações hostis depois de elas terem sido "totalmente destruídas" indica que outros livros da Bíblia, como o de Josué, também podem conter exageros de linguagem. O ponto que o autor quis ressaltar era que Israel não poderia absorver nenhuma porção das nações que estava combatendo e, por isso, deveria "destruí-las completamente". Demonstrar tolerância com qualquer parte de uma cultura tão destrutiva poderia resultar em um contexto em que o povo de Deus acabaria incorrendo em perversidades semelhantes.

Um reino e um exílio

Além dos livros que contam a história do povo de Deus, o Antigo Testamento (ou Bíblia Hebraica) traz textos que ensinam sobre a sabedoria do povo de Deus e sobre uma vida justa, como o livro dos Provérbios. Ele também traz coletâneas de preces e hinos, como os encontrados no livro dos Salmos. Outros livros do Antigo Testamento trazem histórias escritas para ensinar o povo a ter fé em Deus, como a história de Jó, que conservou a sua crença apesar do sofrimento terrível que enfrentou.

O restante dos livros do Antigo Testamento, como, por exemplo, os livros de Samuel e dos Reis, contam como Israel se tornou um reino e mais tarde um reino dividido. O mais famoso dos reis de Israel foi Davi, do qual a maior parte das pessoas se lembra no episódio em que, ainda quando era um menino pastor, ele enfrentou o gigante filisteu Golias e o venceu com uma pedra lançada de sua funda. Davi foi sucedido pelo filho Salomão, mas a incapacidade de Salomão para impedir que o povo de Deus caísse na idolatria e na perversidade acabou fazendo com que a nação de Israel fosse dividida entre os reinos do Norte e do Sul.

É importante lembrar que não é porque a Bíblia traz um *registro* de ocasiões em que o povo de Deus agiu com perversidade que Deus *recomende* essas práticas. As maldades do povo motivaram Deus a enviar uma série de profetas, que exortavam as pessoas ao arrependimento e ao abandono do pecado. Os profetas pediam que o povo cuidasse das viúvas e dos órfãos (que corriam risco de morrer de fome), que deixassem de adorar ídolos e que se abstivessem de comportamentos sexuais impuros.

Infelizmente, as reformas pregadas pelos profetas ou tiveram curta duração ou foram ignoradas. Como resultado disso, outras nações conquistaram os reinos do Norte e do Sul e escravizaram o povo de Deus. Os últimos livros de conteúdo histórico do Antigo Testamento revelam como o povo de Deus foi libertado do cativeiro e retornou à sua terra prometida. Lamentavelmente, mesmo depois de sua volta, o povo de Deus continuou sofrendo sob o jugo de poderes estrangeiros, como o domínio grego (e mais tarde dos romanos). Ao longo de todo esse tempo, eles aguardaram pacientemente a vinda do Messias: um salvador prometido pelas Escrituras que restauraria o reino de Deus.

> "A ignorância sobre as Escrituras é a ignorância sobre Cristo." – São Jerônimo, um estudioso bíblico do século IV que produziu a tradução para o latim mais popular que se tem da Bíblia.

Nasce um salvador

O Novo Testamento é a história desse Messias, Jesus Cristo (Cristo é um título usado para referir-se ao Messias, que quer dizer "o ungido"). Os quatro Evangelhos (Mateus, Marcos, Lucas e João) nos contam que Jesus existia como Filho de Deus antes da criação do mundo, e se fez homem para salvar a humanidade de seus pecados. A narrativa dos Evangelhos se encerra depois da ressurreição de Cristo, quando ele incumbe seus seguidores de se tornarem apóstolos (um termo que vem do grego e significa "mensageiro"). A sua missão seria compartilhar a boa nova da ressurreição de Cristo e a sua promessa de salvação com o mundo inteiro.

Atos dos Apóstolos é o livro que dá prosseguimento à história do ponto onde os Evangelhos se encerram. (O seu autor foi também quem redigiu o Evangelho de São Lucas.) Ele descreve como, depois da ascensão de Jesus aos céus, a Igreja criada por ele vicejou, apesar da perseguição por parte das lideranças judaicas e romanas. O restante do Novo Testamento é composto por uma coletânea de cartas enviadas pelos apóstolos a diversas comunidades, contendo ensinamentos e palavras encorajadoras para que elas conservassem a sua Fé.

O último livro da Bíblia é o Apocalipse ou livro da Revelação, que traz visões do reino celestial de Deus. O Apocalipse também contém profecias sobre o fim do mundo e descreve como Deus acabará vencendo o mal. Depois da vitória de Deus, ele reunirá o seu povo, tanto os vivos quanto os mortos, ao redor de si para desfrutar da sua glória na vida eterna ao seu lado.

A Igreja e a Bíblia

Nós incorreremos na falácia do raciocínio circular se afirmarmos que a Bíblia é a palavra de Deus porque ela afirma ser a palavra de Deus. Essa é uma frase que assume aquilo que queremos provar. Mas nós já vimos que, mesmo assumindo que a Bíblia é uma coletânea de relatos humanos, ainda assim eles nos dão evidências históricas de que um homem, Jesus Cristo, retornou dos mortos.

Os relatos bíblicos também nos mostram que Jesus fundou uma Igreja – era sustentada por apóstolos, a quem ele conferiu autoridade espiritual (Mateus 16, 18-19; Efésios 2, 20). Disse Cristo aos apóstolos: "Quem vos ouve, a mim ouve" (Lucas 10, 16). Mas essa autoridade não se encerrou com a morte dos apóstolos. Os sucessores deles, futuros bispos da Igreja, herdaram essa autoridade espiritual e por meio dela puderam proclamar a Bíblia como sendo a palavra de Deus.

Isso não é o mesmo que um raciocínio circular, no qual uma Bíblia divinamente inspirada seria usada para provar a autoridade da Igreja, e a autoridade da Igreja seria usada para provar que a Bíblia foi inspirada divinamente. Em vez disso, trata-se de um "raciocínio espiral", no qual a Bíblia é encarada meramente como um compêndio de relatos humanos que registram a criação de uma Igreja instituída pela divindade[63]. Essa Igreja passou a ter então autoridade para decretar quais relatos humanos também haviam tido Deus como autor. O grande teólogo Santo Agostinho, do século IV, chegou a uma conclusão semelhante quando afirmou: "Eu não creria no Evangelho se não me movesse a isso a autoridade da Igreja Católica"[64].

Por que acreditamos: a Bíblia

- O Antigo Testamento descreve a criação do mundo por Deus, a queda do homem no pecado e a restauração da família de Deus por meio do seu povo escolhido, a nação de Israel.

- O Novo Testamento relata a vinda do Messias, Jesus Cristo, o divino Filho de Deus, que, ao morrer na cruz para redimir os pecados da humanidade, ampliou a família de Deus para que ela passasse a incluir o mundo inteiro.

- Cristo instituiu a Igreja Católica para que fosse a guardiã da sua revelação, e por meio dela nós temos a Bíblia, que pode ser lida pelos cristãos na atualidade.

POR QUE NÃO SOMOS CRISTÃOS ADEPTOS DA DOUTRINA "SOMENTE BÍBLIA"?

Depois que me tornei cristão, eu fiquei me questionando por um tempo se deveria continuar frequentando a Igreja Católica. Quando estava sentado lá dentro olhando a fumaça do incenso subir do altar, eu sentia o impulso de permanecer ali e participar do que me parecia ser um mistério sagrado. Por outro lado, comecei a me deparar com muitas crenças católicas sobre as quais não encontrava menção na Bíblia, o que me levava a entender que elas não deviam passar de tradições criadas pelo homem.

Por fim, eu concluí que pouco importava o tipo de igreja que eu frequentasse, desde que acreditasse apenas no que a Bíblia ensinava. Mas foi então que me vi num beco sem saída: eu não encontrava nenhum versículo bíblico que me dissesse que todas as minhas crenças tivessem que estar fundamentadas na própria Bíblia. E quanto mais eu me aprofundava nos estudos de História, mais concluía que foi a *Igreja Católica* que nos deu a Bíblia.

Se eu acreditava na palavra de Deus, por que não me vincularia à Igreja que nos legou essa palavra, na forma das Escrituras Sagradas?

A ideia exclusivista da *Sola Scriptura*

No século XVI, cristãos como Martinho Lutero e João Calvino rebelaram-se contra o que consideravam ser "tradições criadas pelo homem", que faziam parte da Igreja Católica. Por causa desse protesto, eles ficaram conhecidos como os *Reformistas Protestantes*. Mas, em vez de promover uma reforma interna da Igreja Católica, o que eles fizeram foi rejeitar a sua autoridade e substituí-la pela ideia de que todos os ensinamentos ou doutrinas cristãs deveriam se originar somente da Bíblia. Esse princípio mais tarde passou a ser conhecido como *Sola Scriptura* (expressão em latim que quer dizer "somente a Escritura").

Mas se todas as doutrinas só podem se originar da Bíblia, onde está o ensinamento bíblico que prega a doutrina da *Sola Scriptura*?

É verdade que em Apocalipse 22, 18 o autor adverte – "A todos aqueles que ouvirem as palavras da profecia deste livro: se alguém lhes ajuntar alguma coisa, Deus ajuntará sobre ele as pragas descritas neste livro". Mas João, o autor em questão, estava apenas proibindo que se acrescentassem palavras às visões recebidas por ele. Em nenhum momento ele nega que a palavra de Deus exista fora da Bíblia, ou mesmo para além da revelação que recebeu.

A passagem citada mais frequentemente em defesa da *Sola Scriptura* está em 2 Timóteo 3, 16-17: "Toda a Escritura é inspirada por Deus, e útil para ensinar, para repreender, para corrigir e para formar na justiça. Por ela, o homem de Deus se torna perfeito, capacitado para toda boa obra"[65].

Os católicos concordam que toda a Escritura é inspirada por Deus. A Escritura é também um recurso muito útil, mas isso não significa que ela seja a única ferramenta para nos ajudar a ensinar a Fé ou a desenvolver nossa santidade. Nós necessitamos também ter uma vida devocional ativa e aconselhamento de outros cristãos mais experientes. Em 2 Timóteo 2, 21, Paulo afirma que, se Timóteo se conservar puro e isento de más influências, ele será um utensílio nobre, preparado para "todo uso benéfico". É claro que isso não quer dizer que se Timóteo ficar longe de más influências ele automaticamente saberá todas as doutrinas essenciais da Fé.

A Bíblia ensina que a Escritura é *um* dos instrumentos que nos habilitam a realizar boas obras no mundo, mas não é o único recurso que pode nos deixar preparados para essa tarefa. Aliás, a própria Bíblia ensina que a palavra de Deus não se restringe apenas aos textos escritos.

A necessidade da tradição

Os primeiros cristãos não aprenderam sua fé a partir da Bíblia, porque na época nenhum dos livros do Novo Testamento havia sido escrito. Isso é evidenciado na passagem em que Paulo agradece aos coríntios por "guardarem minhas instruções, tais como eu vo-las transmiti" (1 Coríntios 11, 2), e na que instrui seu discípulo Timóteo, dizendo: "O que de mim ouviste em presença de muitas testemunhas, confia-o a homens fiéis que, por sua vez, sejam capazes de instruir a outros" (2 Timóteo 2, 2).

Paulo também agradeceu aos tessalonicenses por aceitarem sua pregação não como palavras humanas, mas como a própria palavra de Deus (1 Tessalonicenses 2, 13). Em sua segunda carta a essa mesma comunidade, ele lhes diz: "Ficai firmes e conservai os ensinamentos que de nós aprendestes, seja por palavras, seja por carta nossa" (2 Tessalonicenses 2, 15).

ALGUMAS DEFINIÇÕES SOBRE TRADIÇÃO E TRADIÇÕES

• **Tradição Eclesiástica**: as regras e costumes ensinados pela Igreja que nos apoia no louvor a Deus. Ela abrange modalidades de louvor e regras que podem ser modificadas quando isso for o mais útil a fazer pelo Corpo de Cristo.

• **Tradição Sagrada**: a palavra de Deus em sua forma oral que foi confiada por Jesus e seus apóstolos à Igreja e que não pode ser modificada. Ela abrange as doutrinas fundamentais da Fé e maneiras de expressar a Fé por todas as gerações.

Tradição Sagrada não é a mesma coisa que costumes que podem ser alterados com o tempo, tais como as formas de vestir ou estilos de adoração (ou seja, tradições com "t" minúsculo)[66]. A Tradição (com inicial maiúscula) se refere à palavra de Deus que foi "transmitida" ou "entregue". Ela não se modifica, embora o nosso entendimento a seu respeito possa amadurecer com o tempo, da mesma forma que a nossa compreensão da Escritura amadurece com o tempo.

No século II, São Irineu escreveu: "Os idiomas do mundo são muitos, mas, ainda assim, a autoridade da tradição é uma só". Ele também indagou aos seus leitores: "E se os apóstolos não tivessem nos deixado relatos por escrito? Não teria sido necessário então seguir as ordens da tradição, que haviam sido transmitidas àqueles a quem eles confiaram as igrejas?"[67]

Tradições dos homens?

Há cristãos que contestam a ideia da Tradição Sagrada por acreditar que Jesus a condenava. Eles citam o episódio em que o Messias disse às lideranças judaicas: "Por causa de vossa tradição, anulais a palavra de Deus" (Mateus 15, 6). Acontece que, nessa passagem, Jesus estava condenando uma tradição específica criada pelo homem por ela violar um dos mandamentos de Deus. A crítica de Jesus dirigia-se especificamente à tradição de instituir oferendas sacrificiais em dinheiro, chamadas de *korban*, que eram feitas ao Templo, em vez de destinar o dinheiro ao sustento dos progenitores mais velhos. Essa tradição violava o Quarto Mandamento, que nos diz que devemos "honrar pai e mãe".

Jesus, entretanto, jamais rejeitou as tradições religiosas em geral, tendo inclusive orientado seus discípulos a obedecerem às lideranças judaicas, porque elas ocupavam a chamada "cadeira de Moisés" (Mateus 23, 2-3), expressão que não se referia literalmente a uma cadeira, mas à tradição judaica, citada nas Escrituras, de respeito aos ensinamentos das autoridades. O fato é que, antes de sua Ascensão aos céus, Jesus nunca instruiu seus apóstolos a escreverem coisa nenhuma. A sua missão, em vez disso, era pregar o evangelho, e a palavra de Deus continuou a ser transmitida pela tradição oral mesmo depois que o Novo Testamento foi escrito.

Os conteúdos oficiais da Bíblia

O exemplo mais claro de uma Tradição Sagrada que se pode ter é o fato de tanto católicos quanto protestantes aceitarem o cânone das Escrituras. O termo "cânone" vem de uma palavra grega que significa "regra" e se refere à lista oficial preconizada pela Igreja dos livros que foram divinamente inspirados. Essa lista pode ser encontrada no sumário de todas as Bíblias protestantes ou católicas. O cânone das Escrituras foi divulgado pela primeira vez em Roma, no ano 382 d.C., tendo sido mais tarde estruturado em dois concílios católicos realizados no norte da África (o de Hipona, em 393 d.C., e o de Cartago, em 397 d.C.)[68].

A ADMISSÃO VEM DE UM TEÓLOGO PROTESTANTE: HÁ UM PROBLEMA COM A DOUTRINA

"O problema com o protestantismo contemporâneo é que para eles não há nenhuma doutrina sobre os Conteúdos Bíblicos. Usando a abordagem que é a mais comum nos círculos evangélicos conservadores, chega-se à Bíblia por um mero tropeço epistemológico. A Bíblia 'simplesmente é', e quaisquer questionamentos sobre como ela tornou-se o que se tornou são dispensados, como se fossem um estorvo desnecessário. Mas o tempo vai passando, as questões permanecem sem resposta, o silêncio se torna desconfortável, e as conversões de evangélicos questionadores para a doutrina de Roma seguem acontecendo a passos largos."[69]

Douglas Wilson, teólogo protestante

Mas, se você é um cristão que nega a autoridade da Igreja Católica, então sob qual autoridade diria que os cristãos devem aceitar o cânone das Escrituras da forma como é apresentado nas Bíblias modernas?

Há quem afirme que é simplesmente óbvio que os livros da Bíblia estejam todos lá por direito e que não precisamos de uma Igreja que nos comprove isso, mas será mesmo tão óbvio? A epístola de Paulo a Filemom não ensina nenhuma doutrina específica, e a terceira epístola de João nem sequer chega a mencionar o nome de Jesus Cristo. Por outro lado, há textos que foram populares nos primeiros tempos da Igreja, como o *Didaquê* ou a epístola de Clemente, que não fazem parte do cânone das Escrituras[70].

Outras pessoas dizem que "a igreja" (com "i" minúsculo) determinou o cânone, mas que não somos obrigados a seguir o que qualquer igreja queira ensinar hoje em dia. Mas, se aquele grupo dos primeiros cristãos não houvesse recebido o legado da autoridade de Cristo, nós não teríamos motivo para continuar seguindo as suas decisões doutrinárias, inclusive aquelas a respeito do cânone. O teólogo protestante R. C. Sproul fez uma declaração que se tornou famosa quando sugeriu que o melhor que podemos dizer sobre o cânone das Escrituras é que ele é "uma coleção falível de livros infalíveis"[71]. Com isso, Sproul quis dizer que qualquer cristão que se sinta tocado pelo Espírito Santo poderia alegar que a lista dos conteúdos aceitos na Bíblia precisa ser revista, ou até mesmo que alguns dos seus livros deveriam ser removidos[72].

Aliás, foi exatamente isso que Martinho Lutero e outros reformistas protestantes fizeram há quinhentos anos. Lutero chegou a chamar a epístola de Tiago de "epístola de palha", por ela contradizer a sua teologia, e, assim, deslocou-a para a parte final da Bíblia. Mesmo tendo decidido manter a epístola de Tiago, Lutero e os outros reformistas removeram os chamados livros *deuterocanônicos* do Antigo Testamento. Esses livros, como, por exemplo, o Eclesiástico, Tobias, Macabeus, entre outros, eram parte da Bíblia que havia sido usada por Jesus e eram considerados parte das Escrituras divinamente inspiradas nos primeiros tempos da Igreja[73]. Um dos motivos pelos quais os reformistas acabaram rejeitando certos livros bíblicos foi porque eles ensinavam doutrinas do catolicismo, como a existência do purgatório e a necessidade de orar pelos mortos[74].

Escrituras, Tradição e Igreja

É consenso entre os católicos que nós não devemos acreditar em nada que contradiga a palavra de Deus, seja na sua forma escrita (a Bíblia), seja na forma oral (a Tradição).

Se uma determinada tradição contradiz as Escrituras, então ela só pode ser uma tradição humana – com "t" minúsculo –, e não parte da Tradição divina – com "T" maiúsculo. Mas, se um documento que alegadamente pertença às Escrituras (como um evangelho forjado ou herético) contradiz a Tradição Sagrada, então isso também demonstra que ele só pode ter sido uma criação humana, e não divina. Deus falou aos homens por meio da palavra escrita, mas, como já vimos, é apenas por meio da Tradição Sagrada que podemos distinguir quais textos são verdadeiramente a palavra de Deus e quais não são.

A Tradição Sagrada também protege a Igreja das *falsas interpretações* da Bíblia. Meus amigos protestantes costumam interpelar pessoas de outras religiões que negam doutrinas que são fundamentais para os cristãos, como a divindade de Cristo. Eles citam para elas passagens bíblicas que afirmam provar que Jesus é Deus, apenas para ouvir do seu interlocutor respostas como: "Sim, mas não é desse jeito que *eu* interpreto essas passagens". E eu considerei bastante irônico quando ouvi um desses meus amigos protestantes retrucar:

– Mas a minha interpretação desses trechos é a mesma que os cristãos têm sustentado há 2 mil anos!

Esse é um exemplo perfeito de como a palavra de Deus é transmitida nas Escrituras por meio da palavra escrita (ou aquilo que a Bíblia *diz*), mas também pela Tradição oral (os ensinamentos sobre o que a Bíblia *quer dizer*). Mas a qual tradição nós podemos recorrer se quisermos uma orientação a respeito de como interpretar a Bíblia?

Os meus amigos protestantes não conseguem sequer chegar a um consenso entre eles mesmos sobre o que a Bíblia ensina a respeito de temas como o batismo dos bebês ou a perda da salvação. Não é de admirar que, em sua segunda epístola, São Pedro afirme: "Sabei

que nenhuma profecia da Escritura é de interpretação pessoal"
(2 Pedro 1, 20).

São Vicente de Lérins defendeu esse mesmo ponto no século V,
quando observou que os hereges podiam se valer de citações das
Escrituras tanto quanto os fiéis. Isso mostrava que era necessário
haver outra autoridade capaz de solucionar as disputas a respeito
daquilo em que os cristãos deveriam acreditar. E essa autoridade
não poderia ser outra que não a Igreja fundada por Cristo, ou, como
escreveu Vicente: "A regra para o entendimento correto dos profetas
e dos apóstolos deve ser pautada de acordo com os parâmetros da
interpretação eclesiástica e católica"[75].

Por que acreditamos: a Bíblia e a Tradição

- A Bíblia em nenhum momento ensina que a palavra de Deus
  está limitada aos textos escritos e que tudo em que os cristãos
  acreditam está explicitamente descrito nos seus livros.

- A Bíblia ensina que a palavra de Deus existe também na forma
  oral como Tradição Sagrada.

- Uma tradição na qual tanto católicos quanto protestantes
  acreditam é o cânone das Escrituras.

PARTE 3

A IGREJA E OS SACRAMENTOS

POR QUE PERTENCEMOS À IGREJA CATÓLICA

Quando eu estava ponderando se deveria me vincular à Igreja Católica, procurei conversar com alguns dos meus amigos que não eram católicos para ver se eles conseguiriam me dissuadir dessa ideia. Esses amigos eram cristãos, mas não se consideravam "protestantes". Em vez disso, preferiam se designar como evangélicos ou, simplesmente, "seguidores de Cristo". Seja como for, a reação que tiveram à minha decisão de aderir ao catolicismo foi uma surpresa para mim.

Uma das moças disse:

– Desde que os católicos mantenham a crença em Jesus, eu não acho que seja nenhum problema.

Ao que outra acrescentou:

– Afinal, nós nunca vamos poder mesmo saber qual igreja é a mais certa, ou mesmo se existe uma que seja a certa, então, por que se preocupar com isso?

Essa resposta não me deixou satisfeito, então eu indaguei a elas:

– Vocês nunca se perguntaram se alguma das igrejas que existem hoje pode ser a herdeira legítima daquela que Jesus Cristo fundou? Vocês não se perguntam qual das igrejas *Jesus* quer que nós sigamos?

Os primeiros cristãos

A minha questão foi respondida com um encolher de ombros geral e uma recomendação de que eu simplesmente "acreditasse em Jesus", mas isso ainda não me deixou satisfeito. Como os meus amigos evangélicos podiam saber que bastava nós acreditarmos em Jesus para sermos salvos? O que *significa* acreditar em Jesus? É preciso uma pessoa ser batizada para acreditar em Jesus? É preciso que ela receba a Comunhão? Se eu deixar de acreditar em Jesus, vou perder a minha salvação?

Eu queria achar respostas para essas questões, então resolvi estudar as crenças dos primeiros cristãos, ou seja, os fiéis que existiram logo depois do tempo dos apóstolos. Se havia alguma igreja à qual eu queria pertencer, era a dessas pessoas.

Na época dos apóstolos, os fiéis eram chamados de "cristãos", mas a Igreja não se chamava "Igreja Cristã". Ela era designada simplesmente como "a Igreja", como fica claro na descrição dada por Lucas sobre o que Saulo e Barnabé fizeram na cidade de Antioquia. O texto diz: "E sucedeu que, todo um ano, se reuniram naquela igreja, e ensinaram muita gente; e em Antioquia foram os discípulos, pela primeira vez, chamados cristãos" (Atos 11, 26).

Algumas décadas mais tarde, Santo Inácio de Antioquia escreveu uma carta para cristãos que viviam a cerca de mil quilômetros de distância, na cidade litorânea de Esmirna (localizada onde hoje é a Turquia), na qual dizia: "Onde quer que o bispo vá estar, estará também o povo reunido; assim como, onde quer que Jesus Cristo esteja, estará lá também a Igreja Católica"[76].

O termo "católico" vem da palavra grega *kataholos,* que quer dizer "de acordo com" (*kata*) "o todo" (*holos*). A Igreja de Cristo é chamada de católica porque é sempre a mesma Igreja, independentemente de onde esteja. A Igreja é a mesma porque contém a totalidade do plano eterno de Deus para a salvação da raça humana.

QUEM FUNDOU A SUA IGREJA?

- Capela do Calvário, 1965: Chuck Smith
- Igreja Mórmon, 1830: Joseph Smith
- Discípulos de Cristo, 1809: Thomas Campbell
- Igreja Batista, 1609: John Smyth
- Igreja Presbiteriana, 1560: John Knox
- Igreja Calvinista, 1536: João Calvino
- Igreja Luterana, 1517: Martinho Lutero
- Igreja Ortodoxa Oriental, 1054: Patriarcas Orientais
- Igreja Católica, 33: Jesus Cristo

O que é a Igreja?

São Paulo diz que a Igreja está "edificada sobre o fundamento dos apóstolos" (Efésios 2, 20) e é a "coluna e sustentáculo da verdade" (1 Timóteo 3, 15). Jesus afirmou que os portões do inferno não haveriam de prevalecer contra a Igreja, e que os apóstolos, em especial Pedro, teriam autoridade sobre ela (Mateus 16, 18-19, 18, 17). Se apenas aos apóstolos foi legada a autoridade para falar em nome de Cristo (Lucas 10, 16), então essa autoridade estaria perdida depois que todos eles morressem. Felizmente, Deus deu também aos apóstolos a habilidade de transmitirem a sua autoridade espiritual a sucessores que dela fossem dignos.

Depois da morte de Judas (o apóstolo que traiu Jesus), Pedro proclamou que a sua posição entre os apóstolos seria transferida a um sucessor digno (Atos 1, 20). São Paulo chegou mesmo a alertar Timóteo para que não "impusesse as mãos precipitadamente" quando fosse nomear líderes para a Igreja (1 Timóteo 5, 22). Os apóstolos fizeram tudo isso para garantir que a sua autoridade para "ligar e desligar" (Mateus 18, 18), ou seja, de determinar os ensinamentos e práticas da Igreja, pudesse ser transmitida aos seus sucessores.

No ano 110 d.C., Santo Inácio de Antioquia disse aos seus leitores que "seguissem o bispo, assim como Jesus Cristo segue ao Pai, e o presbitério [os padres] como seguiria os apóstolos; e reverenciem os diáconos como instituição de Deus que são. Não deixem que homem algum faça qualquer coisa relacionada à Igreja sem a intermediação do bispo"[77].

O QUARTO PAPA SE PRONUNCIA

Ao final do século I, Clemente, o quarto papa, lembrou aos cristãos da cidade de Corinto sobre a realidade da sucessão apostólica, dizendo:

> Os apóstolos sabiam, por Nosso Senhor Jesus Cristo, que haveria contestações a respeito da dignidade episcopal. Por tal motivo, e como tivessem pleno conhecimento do porvir, nomearam aqueles que já haviam sido mencionados e deram, além disso, instruções no sentido de que, após a morte deles, outros homens comprovados lhes sucedessem em seu ministério[78].

Uma antiga foto de bebê

"Como a Igreja Católica de hoje, com todas as suas tradições e rituais, pode ser a mesma Igreja humilde que é descrita no Novo Testamento?" Essa é uma boa pergunta, mas fazê-la é mais ou menos a mesma coisa que dizer: "Como esse homem crescido pode ser aquele mesmo garotinho que usava fraldas há algumas dezenas de anos?" Nos dois casos, o corpo que está sendo descrito cresceu e se desenvolveu com o passar do tempo, sem que com isso se tornasse um ser diferente.

O homem do nosso exemplo tem agora algumas coisas que não tinha quando era bebê (como pelos no rosto). Mas ele tem também muitas coisas que já tinha desde pequeno – isso inclui o mesmo DNA que orienta o seu crescimento e o faz ter traços físicos como "o nariz do pai", que já podia ser visto nas fotos de quando era um bebê. Da mesma forma, a Igreja Católica, chamada por São Paulo de o Corpo de Cristo (Efésios 5, 23), tem o mesmo "DNA" da Igreja do século I: a palavra de Deus. Essa palavra é transmitida através do tempo tanto por meio das Sagradas Escrituras quanto pela Tradição Sagrada, e podemos ver os seus efeitos em uma das "antigas fotos de bebê" da Igreja.

Há uma "foto" em especial que data do século II, quando São Justino, o Mártir, descreveu como os cristãos reunidos em oração entoavam "preces calorosas em uníssono, por nós e pela pessoa batizada, e também por todas as outras pessoas, em todos os lugares". E relatou que, depois disso, eles "se cumprimentavam com um beijo" e que o celebrante tomava o pão e o vinho e fazia o seguinte:

> [Ele] entoa palavras de louvor e glória ao Pai do universo por meio dos nomes do Filho e do Espírito Santo, e agradece profusamente por sermos dignos de receber essa oferenda das Suas mãos. E, depois que ele termina as preces e os agradecimentos, todos os presentes exprimem sua concordância dizendo "amém"[79].

A descrição de Justino corresponde à oração dos fiéis, à troca de cumprimentos desejando paz, à oferenda do pão e do vinho e ao "amém coletivo" que é entoado até hoje nas celebrações católicas. Justino prossegue dizendo que o pão e o vinho da missa não são apenas símbolos do corpo e do sangue de Cristo, mas que são "a carne e o sangue de Jesus que habitou essa carne". Essa doutrina, da Presença Real de Cristo na Eucaristia, continua sendo ensinada e defendida pela Igreja Católica.

Eu listei a seguir alguns outros exemplos de crenças dos primeiros cristãos. Será que você consegue encontrar nessas "fotos de bebê" alguma semelhança com aquilo em que os católicos de hoje acreditam?

- Obedecei ao bispo como fariam com Jesus Cristo. – *Santo Inácio, 110 d.C.*[80]
- Bendito seja o sacramento da água batismal, que, ao lavar os pecados da nossa cegueira inicial, dá-nos a liberdade e o caminho para a vida eterna. – *Tertuliano, 203 d.C.*[81]
- A Igreja recebeu dos apóstolos a tradição de batizar até mesmo os recém-nascidos. – *Orígenes, 248 d.C.*[82]
- Quão maiores na fé e no temor salutar são aqueles que [...] confessam abertamente seus pecados aos sacerdotes de Deus. – *São Cipriano, 251 d.C.*[83]

O catolicismo é pagão?

Algumas pessoas afirmam que, no final do século IV, quando o cristianismo se tornou a religião oficial do Império Romano, aqueles que não eram cristãos se converteram apenas por uma questão de conveniência. E que esses recém-convertidos levaram consigo "rituais criados pelo homem" que corromperam a Igreja de Cristo. Mas, como vimos, doutrinas como o sacerdócio, a real presença de Cristo na Eucaristia e o sacramento da confissão já vigoravam desde bem antes do século IV e podem até mesmo ter suas origens identificadas nos ensinamentos do próprio Jesus e dos apóstolos.

É verdade que a Igreja Católica incorporou aquilo que era bom nas religiões não católicas e usou isso para glorificar a Deus, mas todos os cristãos fazem isso. O costume da troca de alianças nos casamentos, por exemplo, começou a ser praticado no Antigo Egito, e não aparece descrito na Bíblia. O seu significado ritual, obviamente, não é contrário aos ensinamentos da Igreja em relação ao matrimônio. O contorno infinito do anel, na verdade, simboliza a perenidade do laço matrimonial, motivo que faz com que até mesmo protestantes adotem habitualmente esse costume "pagão" nas suas cerimônias de casamento.

Se é verdade que costumes católicos como a queima de incenso, acender velas e entoar cânticos são sinais de infusões imperdoáveis de "paganismo" nos ritos da Igreja, então as igrejas protestantes que usam fumaça de gelo seco, holofotes e música popular em seus cultos podem ser igualmente vistas como pagãs. O Papa São João Paulo II ensinava que valer-se de elementos culturais a serviço do evangelho não é errado, desde que tais elementos "não comprometam de maneira nenhuma a singularidade e a integridade da fé cristã"[84].

QUEM VAI ME MOSTRAR?

O livro dos Atos dos Apóstolos descreve como um servo da rainha da Etiópia ficou perplexo ao ler as profecias do Antigo Testamento[85]. Felizmente, o evangelista Felipe o abordou e perguntou:
– Porventura entendes o que está lendo?
Ao que o servo respondeu:
– Como eu poderia, se não há alguém que mo explique?
E Felipe demonstra para o homem, então, como o Antigo Testamento traz a promessa de que o Messias era Jesus Cristo. Em seguida, batiza-o num corpo d'água que havia por perto (Atos 8, 26-40).

Muitas pessoas se sentem tão confusas quanto o servo etíope quando leem a Bíblia. São Pedro chegou mesmo a alertar os seus leitores de que há trechos confusos nas Escrituras, e que algumas pessoas deturpam seu significado, para sua própria ruína (2 Pedro 3, 16). Se isso é verdade, então por que Jesus não procuraria se assegurar de que houvesse alguém como Felipe entre nós até hoje para ajudar as pessoas a entender o que estão lendo na palavra de Deus? A Bíblia não determina que devam existir centenas de denominações religiosas competindo entre si, cada qual com uma interpretação diferente dos textos divinos. Em vez disso, o que se lê é: "Sede um só corpo e um só espírito [...] Há um só Senhor, uma só fé, um só batismo" (Efésios 4, 4-5).

O *Catecismo* nos ensina que, por meio do batismo, todos os cristãos encontram-se "numa certa comunhão, embora imperfeita, com a Igreja Católica" (CIC, parágrafo 838). O que os católicos desejam é que seus amigos não católicos tenham uma comunhão *perfeita* com a Igreja de Cristo. Dessa maneira, todo cristão poderá atender à prece de Jesus para que seus seguidores "sejam um", como ele e o Pai são um (João 17, 11).

> ## SANTO AGOSTINHO, SOBRE SER CATÓLICO
>
> Santo Agostinho foi um bispo de Hipona do século IV que se tornou um dos mais famosos teólogos da história da cristandade. Há muitos protestantes, inclusive, que buscam seguir os ensinamentos dele, como deixa evidente um comentário de João Calvino dizendo que "Agostinho é tão completamente alinhado ao meu pensamento que, se eu quisesse escrever uma confissão de fé, poderia fazê-lo de maneira integral e satisfatória recorrendo apenas aos textos dele"[86]. Em sua carta ao herético Mani, entretanto, Agostinho revela o que o faz permanecer vinculado à Igreja Católica:
>
> "A sucessão dos sacerdotes, desde o momento inicial com o apóstolo Pedro, a quem o Senhor, depois de sua ressurreição, incumbiu de apascentar seu rebanho (João 21, 15-17), até o atual episcopado, é o que me mantém aqui. E, ademais, há o próprio nome católico, que não sem razão pertence apenas a esta Igreja, em meio a tantos hereges, de modo que, embora todos os hereges desejem ser chamados de 'católicos', sempre que um estrangeiro indaga onde se reúne a Igreja Católica, nenhum deles ousa apontar para a própria basílica ou para a sua casa"[87].

Por que acreditamos: a Igreja Católica

- Jesus estabeleceu uma Igreja erigida sobre os apóstolos e ela inclui uma hierarquia, ou ordem sagrada, formada por diáconos, padres e bispos.
- Apenas a Igreja Católica pode rastrear a origem da própria autoridade e chegar até os apóstolos e seus sucessores imediatos.
- A Igreja Católica conserva em seus ensinamentos atuais as doutrinas antigas professadas por Cristo, pelos apóstolos e pela Igreja dos primeiros tempos.

POR QUE TEMOS UM PAPA

Vamos viajar no tempo, até cerca de dez anos depois da minha conversão à fé católica. Eram 4h45, e minha esposa e eu estávamos em uma estação de metrô nos subúrbios de Roma, à espera do trem. As poucas pessoas na plataforma àquela hora não conseguiam tirar os olhos da minha esposa, enquanto ela zanzava de um lado para o outro trajando o seu vestido de noiva comprido e esvoaçante. Nós dois estávamos usando nossos trajes de casamento porque há uma divisão especial para os recém-casados na Basílica de São Pedro, onde eles têm a chance de conhecer o papa.

Haviam nos dito que geralmente o papa só dirige um aceno aos recém-casados depois do seu sermão matinal, por isso foi uma completa surpresa quando um dos guardas do Vaticano apontou para o meio dos bancos, diante de uma multidão de 50 mil fiéis, e disse a nós dois:

– Vocês vão para lá, para falar com o papa.

Eu sentia como se tivesse um monte de agulhas na barriga, e, quando finalmente o papa se aproximou de nós, não consegui articular nenhuma palavra. Minha esposa dispensou o protocolo e partiu para um abraço, o que não agradou muito aos seguranças (embora o próprio papa tenha parecido se divertir com o gesto).

Até mesmo nossos amigos que não são católicos ficam entusiasmados ao saber que nós vimos o papa de perto, mas por que essa figura é tão importante para o catolicismo? A resposta é porque Cristo confiou ao papa, o bispo de Roma, o encargo que foi legado em primeiro lugar a São Pedro: ser o pastor incumbido de guiar toda a sua Igreja.

O nome "papa" vem do termo em latim para "pai". Da mesma forma que São Paulo afirmou que se tornou um pai para os cristãos na cidade grega de Corinto (1 Coríntios 4, 15), o papa é o pai espiritual de todos os fiéis. Ele foi incumbido das mesmas responsabilidades que Cristo legou a Pedro, que incluem alimentar espiritualmente o rebanho de seguidores de Cristo (João 21, 15-19) e estabelecer as doutrinas e as práticas da Igreja de Cristo (Mateus 16, 18-19).

Pedro, o líder

O papel de Pedro como "apóstolo principal" fica evidenciado pelo fato de ele ser mencionado mais vezes do que qualquer um dos outros, de muitas vezes falar em nome do grupo inteiro, e de aparecer em primeiro lugar em quase qualquer lista feita com os nomes dos apóstolos (Mateus 10, 2). E nós podemos saber que essas listas são feitas por ordem de importância porque o nome de Judas sempre aparece por último.

O livro dos Atos dos Apóstolos também traz descrições da liderança incomparável exercida por Pedro nos primeiros tempos da Igreja, com uma autoridade expressada inclusive por ele mesmo na declaração vinculativa que fez durante o Concílio de Jerusalém (Atos 15). Como foi dito pelo estudioso não católico J. N. D. Kelly, "Pedro foi o líder incontestável da igreja dos primeiros tempos"[88].

PEDRO COMO LIDERANÇA DA IGREJA

- Foi o primeiro apóstolo a ver Jesus ressurgido (Lucas 24, 34; 1 Coríntios 15, 5)
- Foi quem pregou o primeiro sermão e recebeu os primeiros convertidos (Atos 2, 14-41)
- Foi o responsável por fazer a primeira cura dos tempos da Igreja (Atos 3, 6-10)
- Excomungou o primeiro herege (Atos 8, 18-24)
- Recebeu a primeira revelação sobre os gentios (Atos 10, 44-48)
- Fez a primeira declaração vinculativa a respeito de dogmas da história da Igreja (Atos 15, 7-11)

Jesus também deu a Pedro o seu nome, já que previamente ele era chamado de Simão. Isso é um fato importante, porque, na Bíblia, quando Deus muda o nome de alguém, ele também muda o destino dessa pessoa. Por exemplo, o destino de Abrão era ser pai do povo judeu, então Deus mudou seu nome para Abraão, que quer dizer "pai de muitas nações". O nome "Pedro" remete a "pedra", indicando que o apóstolo estava destinado a ser a fundação ou um tipo de pedra fundamental. Jesus revelou que tipo de pedra ele seria depois que Pedro o identificou corretamente como "o Cristo, Filho de Deus vivo", dizendo:

> Feliz és, Simão, filho de Jonas, porque não foi a carne nem o sangue que te revelou isto, mas meu Pai que está nos céus. E eu te declaro: tu és Pedro, e sobre esta pedra edificarei a minha Igreja; as portas do inferno não prevalecerão contra ela. Eu te darei as chaves do Reino dos céus: tudo o que ligares na terra será ligado nos céus, e tudo o que desligares na terra será desligado nos céus (Mateus 16, 17-19).

Na Antiguidade, as cidades eram cercadas por grandes muralhas, e só se entrava nelas por meio de um imenso portão. O governante da cidade recebia a chave enorme desse portão, e ela simbolizava também a sua autoridade sobre a cidade. Quando Jesus entrega a Pedro "as chaves do reino", ele está fazendo uma alusão à passagem do livro de Isaías, no Antigo Testamento, que descreve como Ezequias, rei de Israel, legou a Eliacim a autoridade para controlar todo o seu reino. Segundo lemos em Isaías 22, 22, Eliacim teria "a chave da casa de Davi; se ele abrir, ninguém fechará, se fechar, ninguém abrirá".

Disse Jesus aos apóstolos: "Eu, pois, disponho do Reino a vosso favor, assim como meu Pai o dispôs a meu favor" (Lucas 22, 29). Como qualquer rei judeu responsável, Jesus escolheu uma pessoa, o apóstolo Pedro, para administrar o reino na posição de seu primeiro ministro[89]. Como o estudioso protestante Craig Keener escreve ao comentar o evangelho de Mateus, "[Jesus] joga com o apelido de Simão, 'Pedro', dizendo que ele era a pedra sobre a qual ergueria a sua Igreja"[90].

O PAPA SERIA O ANTICRISTO?

A forma mais bizarra e mais persistente de ataque ao pontificado são as alegações de que o papa é na verdade o Anticristo, ou a besta do livro do Apocalipse. Mas elas podem ser facilmente refutadas.

Em 1 João 2, 22, lemos que o Anticristo "nega que Jesus seja o Cristo", e jamais houve um papa que tivesse feito isso[91]. O capítulo 17 do Apocalipse menciona uma fera que se assenta sobre sete montanhas e que persegue os filhos de Deus, mas a Igreja Católica não persegue cristãos, tampouco se assenta sobre "sete montanhas". A Cidade do Vaticano está erguida sobre a Colina do Vaticano, na margem do rio oposta à das sete colinas da Roma Antiga, onde cristãos eram crucificados e lançados aos leões.

É consenso entre os especialistas bíblicos que a "fera" ou besta do Apocalipse provavelmente simboliza algum imperador romano, como Nero, ou o Império Romano como um todo, por conta da violenta perseguição aos cristãos que empreendeu ao longo do século I.

O papa é mesmo infalível?

A doutrina da infalibilidade papal ensina que o papa recebe uma graça divina especial que o impede de conduzir ao erro a Igreja de Cristo. A maior parte dos protestantes deve concordar que São Pedro foi infalível pelo menos quando escreveu a sua primeira epístola e a segunda, porque elas estão na Bíblia. Os católicos simplesmente acreditam que essa proteção foi legada a Pedro e a cada um dos seus sucessores, nenhum dos quais conduziu a Igreja a caminhos errados.

Mas por que devemos acreditar na infalibilidade do papa?

Em Mateus 16, 18 lemos que os "poderes da morte" (ou, segundo algumas traduções, as "portas do inferno") jamais prevalecerão contra a Igreja, então faz sentido concluir que o pastor da Igreja de Cristo jamais a conduziria na direção do inferno, ensinando heresias aos fiéis. O trecho de Lucas 22, 31-32 traz um registro de Jesus dizendo a Pedro que "Satanás vos reclamou para vos peneirar como o trigo, mas eu roguei por ti, para que a tua confiança não desfaleça". No texto original em grego fica bem claro que Satanás reclamou a "vós todos", todos os apóstolos, mas que Jesus rogou apenas por Pedro, no singular, para que a confiança dele não desfalecesse[92].

É verdade também que uma vez Cristo chamou Pedro de "Satanás", por ele ter tentado deter a Crucificação (Mateus 16, 23). Ele também sabia que Pedro mais tarde haveria de negar que o conhecia durante o seu julgamento, mas Deus não chama para si os perfeitos – ele aperfeiçoa os que foram chamados. E foi por isso que Cristo rogou para que, depois que Pedro fosse "reconvertido" de seus pecados, ele pudesse liderar e fortalecer os outros apóstolos (Lucas 22, 32).

A graça da infalibilidade não isenta o papa de pecar (nem mesmo de cometer pecados graves). Nós lemos na Bíblia, por exemplo, que São Paulo repreende Pedro por ele se recusar a sentar-se à mesa com gentios para não ofender seus compatriotas judeus (Gálatas 2, 14), mas em nenhum momento Paulo nega a autoridade de Pedro ou demonstra que seus ensinamentos possam estar errados[93]. Tudo o que ele fez foi lembrar Pedro de que ele precisava praticar seus próprios ensinamentos. Como nos diz o teólogo protestante Thomas Schreiner, "Pedro e Paulo continuavam alinhados *teologicamente*. Paulo repreende a Pedro porque este último havia agido *contrariamente* às suas próprias convicções"[94].

A infalibilidade também não significa que o papa terá a resposta correta para todos os dilemas que se apresentarem à Igreja. O dom da infalibilidade papal apenas evita que o pontífice conduza oficialmente a Igreja à heresia. Alguns dos Patronos da Igreja, como São Cipriano de Cartago, chegaram a criticar decisões papais, mas nem mesmo Cipriano acreditava que o papa pudesse desviar a Igreja do caminho de Deus.

> "O trono de Pedro [...] do qual não pode advir nenhum erro."
> – *São Cipriano de Cartago, 256 d.C.*[95]

Os sucessores de Pedro, bispos de Roma

Mesmo que Pedro tenha tido autoridade infalível sobre a Igreja dos primeiros tempos, como podemos saber que essa autoridade foi transmitida aos seus sucessores?

No século I, o terceiro dos sucessores de Pedro, Clemente, interveio para solucionar um conflito que estava ocorrendo na Igreja de Corinto. Ele alertou os coríntios de que estariam sob um "risco nada desprezível" caso decidissem desobedecer às suas deliberações, demonstrando assim a sua autoridade sobre cristãos não romanos. Santo Inácio de Antioquia se referia à Igreja Romana como aquela que ensinava as outras igrejas e as "presidia no amor". Escritos do Papa Clemente (92-99 d.C.) e do Papa Sotero (167-174 d.C.) tornaram-se tão populares, aliás, que eles eram lidos nos serviços religiosos junto com as Sagradas Escrituras[96].

No ano 190 d.C., o Papa Vítor I excomungou as igrejas de uma região inteira por terem se recusado a celebrar a Páscoa na sua data correta. Um bispo francês chamado São Irineu não achou que essa fosse uma boa ideia, mas nem ele nem qualquer outra pessoa duvidaram que Vítor tivesse autoridade para fazer o que fez. Irineu, aliás, chegou a declarar, sobre a Igreja de Roma, que "por uma questão de necessidade todas as Igrejas devem estar alinhadas a essa Igreja, já que a sua autoridade é preponderante"[97]. No século V, o Concílio da Calcedônia fez ler em voz alta uma carta do Papa Leão I, que defendia a doutrina tradicional da divindade de Cristo. Ao final da leitura, os bispos presentes aclamaram: "Pedro falou por meio de Leão!".

Cristo será para sempre o rei do seu reino, mas, como qualquer bom rei costuma fazer, ele nomeou um primeiro-ministro para administrar esse reino. Assim como Eliacim, o comissário-mor de Israel, era considerado "um pai para os habitantes de Jerusalém e para a casa de Judá" (Isaías 22, 21), o bispo de Roma é também um pai, ou papa, para todos aqueles que pertencem à Igreja de Cristo. A ele foram legadas as chaves do reino e a incumbência de administrá-lo na fé, até que o rei retorne em sua glória.

O PAPA ENFRENTA A BARBÁRIE

Os papas não apenas protegem a Igreja de ameaças espirituais, mas também das físicas. Com a queda do Império Romano, no século IV, hordas de bárbaros marcharam do norte, incendiando aldeias e dizimando as populações que não se rendessem à escravidão. O mais temido desses invasores bárbaros era Átila, o Huno, cuja reputação por causa de sua violência e selvageria o fez ser apelidado pelos romanos de "o Flagelo de Deus".

No ano 452 d.C., os guerreiros de Átila se reuniram para um ataque à cidade de Roma, mas o Papa Leão I montou seu cavalo e foi abordar o huno, que também estava a cavalo. O historiador que escreveu o relato do encontro anos mais tarde disse que Átila ficou "tão impressionado pela presença do sumo sacerdote que ordenou que seu exército suspendesse o ataque, e, depois de ter feito uma promessa de paz, retirou-se para além do Danúbio [o rio]"[98].

Por que acreditamos: o papa

- Jesus legou a Pedro autoridade especial, tanto sobre os apóstolos quanto sobre a Igreja dos primeiros tempos.

- Essa autoridade foi transmitida aos sucessores de Pedro, bispos de Roma.

- Pedro e seus sucessores têm o dom da infalibilidade, que os impede de conduzir a Igreja à heresia.

POR QUE TEMOS PADRES

Você já reparou que nos filmes, quando o herói precisa enfrentar alguma força demoníaca ou paranormal, em geral ele pede ajuda a um padre católico? Até mesmo pessoas sem nenhuma religião reconhecem algum tipo de mitologia ou poder antigo e transcendente irradiado pela figura do padre. Mas o que as pessoas percebem não tem nada a ver com magia ou superstição. Em vez disso, é a graça de Deus que modifica permanentemente a alma do padre e lhe dá os meios para combater o pecado e até mesmo forças demoníacas que ataquem a Igreja de Cristo.

São Paulo ensinou que a Igreja de Cristo teria uma hierarquia composta por diáconos (1 Timóteo 3, 8-13); presbíteros, termo que é sinônimo da palavra "padre" (1 Timóteo 5, 17); e bispos (1 Timóteo 3, 1-7). Quando eu li pela primeira vez essas passagens, indaguei a mim mesmo: "Quais são as igrejas que hoje têm diáconos, padres e bispos?". Só poderia ser em uma delas, eu imaginei, que eu iria encontrar a igreja original que Cristo estabeleceu sobre a figura de Pedro e dos outros apóstolos.

Onde os padres aparecem na Bíblia?

No Antigo Testamento, o povo de Deus tinha um clero tripartido que seria completado na Igreja de Cristo. Primeiro, o povo em si era chamado de *reino sacerdotal,* pois sua conduta santa permitiria que intercedessem em nome de um mundo de infiéis (Êxodo 19, 6). Alguns entre eles, como os levitas, fariam parte do *ofício sacerdotal* e ofertariam sacrifícios em nome do povo (Êxodo 28, 41). Por fim, havia o *sumo sacerdote,* que entraria no santuário de Deus no meio do povo uma vez ao ano para ofertar um sacrifício que expiaria os pecados de todos (Êxodo 28, 1, Levítico 21, 10).

Desde a destruição do Templo de Jerusalém, no ano 70 d.C., o sacerdócio sacrificial dos judeus não existe mais; ele foi substituído pelo clero cristão.

Assim como no Antigo Testamento, São Pedro declara também que todo cristão pertence a um *santo sacerdócio* (1 Pedro 2, 4), e a epístola aos hebreus diz que Jesus Cristo é o nosso novo *sumo sacerdote* (Hebreus 4, 14). Diferentemente de todos os outros sumos sacerdotes, Cristo era divino e sem pecado, portanto o seu sacrifício na cruz foi capaz de redimir todos os pecados do mundo. E é esse sacrifício único que os padres católicos reapresentam na forma da Eucaristia. Por meio do seu serviço, esses homens se tornam o cumprimento do *ofício sacerdotal* do Antigo Testamento. O livro de Tiago também traz referências a padres e sacerdotes pregando à comunidade e ministrando sacramentos que curavam doentes e redimiam pecados:

> Está alguém enfermo? Chame os sacerdotes da Igreja, e estes façam oração sobre ele, ungindo-o com óleo em nome do Senhor. A oração da fé salvará o enfermo e o Senhor o restabelecerá. Se ele cometeu pecados, ser-lhe-ão perdoados. Confessai os vossos pecados uns aos outros, e orai uns pelos outros para serdes curados. A oração do justo tem grande eficácia (Tiago 5, 14-16).

Atualmente esse sacramento é chamado de *unção dos enfermos,* e ele também faz parte dos *ritos finais,* as orações e sacramentos ministrados a pessoas que correm risco de morte. Um dos ritos que o padre ministra, caso o fiel esteja desperto e lúcido, lhe dá uma última oportunidade de confessar seus pecados. Note também que o texto de Tiago 5, 16 diz que é preciso confessarmos os nossos pecados "uns aos outros", o que nesse contexto seria uma referência aos sacerdotes da Igreja de Deus.

Por que eu tenho que confessar meus pecados a um padre?

Por que não posso me confessar diretamente a Deus? Por que tenho que ir à confissão (também chamada de sacramento da reconciliação)? Bem, minha resposta é a seguinte: porque Deus nos ama e nos deu um meio extraordinário de experimentar o seu perdão.

A Igreja nos ensina que Deus nos deu sacramentos para que possamos vivenciar na nossa experiência física momentos em que a graça divina inunda os nossos corações. Pense na graça como um presente de Deus que elimina o pecado e nos faz sermos cada vez mais como Ele. Deus poderia simplesmente nos transmitir essa graça de alguma maneira invisível depois que disséssemos uma determinada oração, mas Ele sabe que somos feitos de matéria e que a matéria faz diferença!

Por que é mais especial receber uma carta de agradecimento pelo correio do que um e-mail de agradecimento? Por que um abraço conta mais que dizer "eu te amo" para demonstrar o amor por alguém? É porque com esses atos nós experimentamos o amor e a gratidão com nossos sentidos físicos, além de fazê-lo mentalmente. Deus compreende isso, e foi por essa razão que deu à sua Igreja os *sacramentos*, ou seja, sinais externos e físicos da graça divina que recebemos.

OS SETE SACRAMENTOS

Batismo, Confirmação, Eucaristia (a Santa Ceia), Penitência, Unção dos Enfermos, Matrimônio e Ordem Sagrada.

Existem sete sacramentos, cada um deles envolvendo um modo de execução específico (a forma) e um material específico a ser usado (a matéria). A forma do batismo inclui os dizeres: "Eu te batizo em nome do Pai, do Filho e do Espírito Santo". A matéria é a água que banha a pessoa e é o instrumento físico por meio do qual os pecados são lavados (Atos 22, 16).

No sacramento da penitência (ou confissão), a matéria são os pecados que confessamos e a forma é a oração de absolvição do padre. Por meio da presença física e da voz do padre, a graça entra no coração do pecador e o reconcilia com Deus. São Paulo chegou a afirmar que "tudo isso vem de Deus, que nos reconciliou consigo, por Cristo, e nos confiou o ministério desta reconciliação" (2 Coríntios 5, 18).

UM PADRE SALVA ALMAS NO TITANIC

Em 1912, o padre britânico Thomas Byles reservou uma passagem no Titanic para ir a Nova York celebrar o casamento do seu irmão. Ele estava no convés superior quando o navio se chocou contra o iceberg e permaneceu a bordo para ouvir o maior número de confissões possível antes do naufrágio.

Uma testemunha relatou em primeira mão que "o padre Byles poderia ter se salvado, mas ele se recusou a partir enquanto ainda houvesse algum [passageiro] a bordo [...] Depois que eu entrei no bote, que foi o último a deixar o navio, e nós começamos a nos afastar lentamente, ainda pude ouvir claramente o som da voz dele e as respostas das pessoas às suas orações"[99].

O irmão e os outros familiares do padre Byles procuraram incansavelmente por ele entre os sobreviventes, mas acredita-se que o padre tenha morrido no naufrágio; seu corpo jamais foi recuperado. O atual pároco da igreja onde o padre Byles serviu há quase um século entrou com o processo para o reconhecimento formal da santidade do sacerdote[100].

Um padre não perdoa os pecados de ninguém sem a intervenção de Deus, da mesma maneira que um ministro protestante que batiza uma pessoa não pode torná-la cristã sem que haja a intervenção de Deus. O padre tem a mesma autoridade para perdoar pecados que foi legada aos apóstolos, a quem Jesus falou: "Àqueles a quem perdoardes os pecados, ser-lhes-ão perdoados; àqueles a quem os retiverdes, ser-lhes-ão retidos" (João 20, 23).

Para que os apóstolos pudessem saber se os pecados da pessoa deveriam ser retidos, como nas ocasiões em que, por exemplo, não houvesse um arrependimento verdadeiro por tê-los cometido, era preciso que eles soubessem que pecados eram esses. E, a menos que para isso fossem contar com algum tipo de revelação vinda de Deus, eles só teriam como saber os pecados mediante uma confissão em voz alta do pecador. Como disse São Cipriano de Cartago, no ano 251 d.C., "com pesar e simplicidade, confessai isso aos sacerdotes de Deus, fazei uma confissão conscienciosa, tirai de vossas mentes esse fardo, e buscai remediação salutar até mesmo para máculas leves ou moderadas"[101].

Por que os padres são homens que não se casam?

A Igreja Católica escolhe apenas homens como sacerdotes porque ela sempre se esforça para imitar Jesus Cristo. Embora muitas mulheres tenham servido no ministério de Jesus, ele não chamou nenhuma delas para fazer parte do grupo de apóstolos. Em vez disso, ele legou à Igreja um dogma, ou parte imutável da revelação divina, de que apenas os homens podem ser chamados para se colocar "na pessoa do Cristo" (ou, em latim, *alter christus*) e servir à noiva de Cristo, que é a Igreja (Efésios 5, 22-23)[102].

A exigência de que os padres permaneçam sem se casar, ou celibatários, é uma *disciplina,* e não um *dogma.* São Pedro era casado (Mateus 8, 14), embora não se saiba se a esposa ainda era viva quando ele se tornou líder da Igreja, já que a Bíblia em nenhum momento faz menção a ela[103]. Cristo não legou um ensinamento único à Igreja sobre esse tema, então a Igreja é livre para impor as regras disciplinares que melhor servirem ao Corpo de Cristo.

Nas Igrejas Católicas de rito oriental, homens casados podem ser ordenados padres, mas padres que não sejam casados não podem se casar após a ordenação. Na Igreja ocidental foram abertas exceções para sacerdotes casados convertidos de outras religiões, como o anglicanismo, mas a maior parte dos padres é celibatária.

Esses padres seguem uma tradição transmitida por São Paulo, que dizia que os solteiros podem se concentrar totalmente em agradar ao Senhor, sem terem que arcar com as responsabilidades de cuidar de uma família (1 Coríntios 7, 32). Paulo afirmava as benesses do matrimônio, mas também desejava que todos pudessem ser celibatários, como ele mesmo. E chegou inclusive a descrever como algumas viúvas, nos primeiros tempos da Igreja, faziam votos de celibato (1 Coríntios 7, 7; 1 Timóteo 5, 12).

POR QUE OS SACERDOTES CATÓLICOS SÃO CHAMADOS POR PALAVRAS QUE QUEREM DIZER "PAI"?

Se Jesus nos diz, em Mateus 23, 9, que "a ninguém chameis de pai sobre a terra", por que os católicos chamam seus sacerdotes de "padre", palavra que significa justamente "pai"? Bem, pela mesma razão que São Paulo referiu-se a si mesmo como um pai para os cristãos em Corinto (1 Coríntios 4, 15): por esse ser um título apropriado para os pastores do rebanho de Cristo.

Jesus também diz, em Mateus 23, 8-10, para não chamarmos ninguém de preceptor ou "mestre", e mesmo assim os protestantes costumam referir-se aos seus pastores instruídos nos seminários e teólogos como "doutores", título que significa "mestre" ou "preceptor".

Tudo que Jesus quis fazer foi alertar seus seguidores para que não inflassem o orgulho das lideranças judaicas e não elevassem a sua autoridade acima da autoridade de Deus. Ele não estava proibindo a existência de pais espirituais ou preceptores que fossem chamados para servir humildemente à sua Igreja.

Outros exemplos bíblicos de vida celibatária podem ser encontrados nos profetas Elias e Jeremias, e também nas palavras do Senhor, quando disse: "Porque há eunucos [pessoas incapazes de ter relações sexuais] que o são desde o ventre de suas mães, há eunucos tornados tais pelas mãos dos homens e há eunucos que a si mesmos se fizeram eunucos por amor do reino dos céus" (Mateus 19, 12). Em *The*

*Catholic Commentary on Holy Scripture**, lemos que nesse versículo Jesus estava encorajando a abstinência sexual voluntária, "não por meio da automutilação, mas da autocontenção"[104].

Há quem diga que se os padres tivessem permissão para se casar haveria menos casos de abuso sexual na Igreja e mais homens desejariam ser padres. Mas há muitos pedófilos que são homens casados, e manter-se solteiro não é o que faz com que um homem sinta atração sexual por crianças. Além do mais, o sacerdócio não é como um emprego, que possa ter a descrição de requisitos do cargo alterada de modo a atrair mais candidatos. A Bíblia conta que, quando Jesus viu a multidão de pessoas que o seguia, ele...

> "...ficou tomado de compaixão, porque estava enfraquecida e abatida como ovelhas sem pastor. Disse, então, aos seus discípulos: A messe é grande, mas os operários são poucos. Pedi, pois, ao Senhor da messe que envie operários para sua messe" (Mateus 9, 36-38).

Padres são os homens que respondem ao chamado de Deus para se lançar ao mundo conduzindo as almas perdidas de volta para junto do Bom Pastor, Jesus Cristo.

Por que acreditamos: padres

- Os padres católicos são o cumprimento na Nova Aliança do ofício sacerdotal da Velha Aliança.
- Cristo chamou apenas homens para serem seus apóstolos, portanto o sacerdócio católico só admite homens.
- Tradicionalmente, os padres da Igreja ocidental são celibatários, para que possam ser uma imitação perfeita de Cristo no serviço à sua noiva, a Igreja.
- Padres católicos receberam de Cristo a autoridade para perdoar ou reter pecados, que se manifesta pelo sacramento da confissão.

---

* "Comentário católico sobre a Sagrada Escritura", em tradução literal, não editado no Brasil (N. T.).

POR QUE VAMOS À MISSA

Há alguns anos, uns amigos meus compraram uma máquina para fazer *donuts* caseiros. Bastava despejar a massa de um lado para, um minuto mais tarde, um monte de rosquinhas em miniatura sair na esteira do outro lado. Quando contaram ao filho deles de 5 anos sobre a novidade, os olhos do menino se arregalaram e ele exclamou:

– Legal! Agora a gente nem precisa mais ir à igreja!

Como esse garotinho, há muita gente que só vai à igreja por causa dos "donuts". Estes podem ser literalmente uma bandeja com rosquinhas, mas em geral os "donuts" são outras razões pouco religiosas que fazem essas pessoas acordarem cedo para sair de casa aos domingos. Pode ser que queiram agradar a algum parente ou ao seu cônjuge. Ou talvez façam isso simplesmente porque é o que a família delas sempre fez. À medida que ficam mais velhas, pode ser que resolvam manter a tradição só nos feriados mais importantes, como a Páscoa ou o Natal. Mas para muita gente os "donuts" em algum momento deixam de valer a pena e essas pessoas param de ir à Igreja, talvez dizendo coisas como:

"A missa católica é um tédio. Eu nunca sinto que estou ganhando nada por estar lá".

"A Igreja sempre pede dinheiro".

"A música é um horror, e a homilia, pior ainda".

Quando as pessoas me perguntam por que eu vou à igreja todos os domingos, eu respondo que é porque, por mais horrível que seja a música, por mais entediante que seja a homilia, o vinho e o pão que há no altar de todas as missas católicas se tornam o sangue e o corpo de nosso salvador Jesus Cristo. Eu vou porque aquele pão e aquele vinho não são simplesmente símbolos que representam Jesus; eles literalmente se tornam o seu corpo, o seu sangue, a sua alma e a sua divindade. Jesus está ali, não apenas aos domingos, mas todos os dias, pronto para ser recebido pelos fiéis para que eles alcancem a vida eterna.

A nova Pessach*

Na primeira vez que eu visitei uma Igreja Católica, a pessoa que havia me convidado explicou que os cultos ali eram chamados de "missas" porque essa palavra em latim significa "enviar". Os católicos vão à missa para que sejam preparados e "enviados" para compartilhar o evangelho com o mundo inteiro. Quando esse mesmo amigo começou a me falar do "sacrifício da missa", entretanto, essa expressão me fez estacar no lugar onde estava, a poucos metros da porta da igreja.

– Sacrifício? Ninguém vai matar uma cabra no altar ou nada assim, vai? Porque não sei se estou preparado para isso.

Ele riu e explicou que o sacrifício seria na forma do pão e do vinho levados ao altar, ou a Eucaristia, que vem de uma palavra grega que quer dizer "ação de graças". O *Catecismo* ensina: "A Santíssima Eucaristia contém todo o bem espiritual da Igreja, a saber, o próprio Cristo, nossa Páscoa" (CIC, parágrafo 1324).

A Páscoa a que se refere o texto é a *Pessach* ou "Passagem" judaica, celebrada até hoje. Quando o povo de Deus estava escravizado no Egito, Deus mandou que imolassem um cordeiro sem mácula para que o anjo da morte enviado para punir os egípcios "passasse ao largo" das suas casas (Êxodo 12, 43-51). Os cristãos também têm um cordeiro que foi sacrificado para que a morte espiritual passasse ao largo deles: Jesus Cristo.

João Batista declarou que Jesus era "o cordeiro de Deus, que tira os pecados do mundo" (João 1, 29), e São Paulo disse: "Cristo, nossa Páscoa, foi imolado" (1 Coríntios 5, 7). O cordeiro do sacrifício pascal do Antigo Testamento precisava ser macho, sem máculas, e não ter as pernas quebradas (Êxodo 12, 5; Êxodo 12, 46). Cristo, o nosso cordeiro pascal, é um homem sem pecado (Hebreus 4, 15), e na Crucificação ele não teve as pernas quebradas (João 19, 33). Por fim, a *Pessach* não estava concluída até que o cordeiro fosse comido, e assim a "Passagem" celebrada pelos cristãos hoje precisa se concluir da mesma maneira.

---

* A Páscoa judaica (N. T.).

Verdadeiramente uma comida, verdadeiramente uma bebida

Como Jesus não queria que fôssemos canibais, ele nos deu o seu corpo e seu sangue para que fossem consumidos como pão e vinho, milagrosamente transformados. Nas suas palavras:

> Em verdade, em verdade vos digo: se não comerdes a carne do Filho do Homem, e não beberdes o seu sangue, não tereis a vida em vós mesmos. Quem come a minha carne e bebe o meu sangue tem a vida eterna; e eu o ressuscitarei no último dia. Pois a minha carne é verdadeiramente uma comida e o meu sangue, verdadeiramente uma bebida. Quem come a minha carne e bebe o meu sangue permanece em mim e eu nele. Assim como o Pai que me enviou vive, e eu vivo pelo Pai, assim também aquele que comer a minha carne viverá por mim (João 6, 53-57).

O texto original em grego dessa passagem nos traz uma mensagem ainda mais poderosa do que a tradução que temos. Num trecho anterior do mesmo capítulo 6 do evangelho de João, Jesus usa o termo *phago,* um verbo genérico para comer, mas nesses versículos troca a palavra por *trogo,* que quer dizer "abocanhar ou mastigar". Da mesma forma, Jesus usa a palavra *sarx,* que se refere especificamente à substância macia e polpuda que recobre nossos ossos, e não *soma,* que significa apenas "corpo". A escolha de palavras feita por ele, como nos mostra o grego original, demonstra que Jesus estava falando do ato real e físico de ter a sua carne comida.

"Pois a minha carne é verdadeiramente uma comida e o meu sangue, verdadeiramente uma bebida."

– João 6, 55

Depois da sua ressurreição, Jesus apareceu para dois de seus seguidores na estrada que levava à cidade de Emaús. Ele manteve a sua identidade oculta deles até o momento em que abençoou e partiu o pão para que comessem. Jesus havia deixado claro que depois da ressurreição os discípulos não o veriam na sua forma humana, mas que em vez disso seria "reconhecido ao partir o pão" (Lucas 24, 35).

Quando comentei com um dos meus amigos não católicos que tinha o hábito de ir à missa, ele desdenhou:

– Você não acha esquisito os católicos acreditarem que estão comendo de verdade a carne e o sangue de Jesus?

Eu mostrei a ele, então, a passagem de João 6, 53-57, e perguntei o que achava que Jesus teria querido dizer ao falar: "Aquele que comer da minha carne e beber do meu sangue terá a vida eterna". O meu amigo leu a passagem, fechou a Bíblia e, com um encolher de ombros, disse:

– É só uma metáfora.

Mas essa explicação nunca bastou para mim.

É verdade que Jesus usava metáforas para descrever a sua missão. Ele dizia, a respeito de si mesmo: "Eu sou a porta" (João 10, 9) e "Eu sou a videira" (João 15, 5), mas com isso não estava querendo dizer *literalmente* que nós devíamos "lubrificar as suas dobradiças" ou "regar as suas raízes". Além disso, ninguém costumava rechaçar Jesus por ter usado metáforas envolvendo portas ou videiras, mas, quando ele diz que as pessoas precisam comer a sua carne para ter a vida eterna, a Bíblia nos conta que "muitos dos seus discípulos se retiraram e já não andavam com ele" (João 6, 66)[105].

> ## OS PRIMEIROS CRISTÃOS ACREDITAVAM NA PRESENÇA VERDADEIRA
>
> São Paulo disse aos coríntios que "aquele que comer o pão ou beber o cálice do Senhor indignamente será culpável do corpo e do sangue do Senhor" (1 Coríntios 11, 27). Apenas seis anos mais tarde, Santo Inácio de Antioquia afirmou que "a Eucaristia é a carne do nosso Salvador Jesus Cristo, carne que sofreu por nossos pecados e que o Pai, em sua bondade, ergueu novamente"[106]. E J. N. D. Kelly admite que, nos primeiros tempos da Igreja, "o pão e o vinho consagrados eram tomados, tratados e designados como o corpo e o sangue do Salvador"[107].

Ainda se parece com pão, ainda se parece com vinho!

Na Última Ceia antes da sua Crucificação, Jesus ofereceu pão e vinho aos seus discípulos e não disse coisas como "Este pão *contém* o meu corpo" ou "Eu *estou dentro* deste vinho", mas simplesmente "Tomai e comei, isto é meu corpo", falando do pão; e, sobre o vinho, "Bebei dele, todos, isto é o meu sangue, o sangue da Nova Aliança" (Mateus 26, 26-28). A Igreja ensina que, na consagração durante a missa, a substância desses elementos se modifica e se torna o corpo e o sangue de Cristo, embora a aparência continue sendo de pão e de vinho.

Substância é a "essência metafísica" de um objeto, que unifica todas as suas aparências em uma entidade única. Por exemplo, os seres humanos assumem aparências muito diferentes à medida que crescem, desde a fase de bebês até a idade adulta. Muitas de nossas células morrem e são substituídas por outras ao longo do processo, mas em meio a todas essas mudanças nós continuamos sendo a mesma pessoa. E isso é possível porque possuímos uma *substância* invisível subjacente, ou uma essência metafísica que reúne todas as partes daquilo que somos. Essa unidade só se rompe após a morte, quando a alma se separa do corpo e se inicia o processo de decomposição.

Na missa, o pão e o vinho não se *transformam* no corpo e no sangue de Cristo, porque a sua forma, ou a aparência e o sabor que o pão e o vinho têm para nós, não se modifica. Em vez disso, é a *substância* do pão e do vinho que muda para se tornar a substância do corpo e do sangue de Cristo.

Por meio desse milagre, Deus faz com que a aparência do pão e do vinho continue igual, mas substitui a realidade subjacente que unifica a aparência de cada um deles, a sua substância, pelo corpo e pelo sangue de Cristo. É por isso que os católicos ensinam que durante a Consagração, na missa, acontece a *transubstanciação* do pão e do vinho em corpo e sangue de Cristo, ou a mudança da sua substância. Isso explica por que, ao consumirmos o que continua parecendo ser pão e vinho, mesmo assim estamos sendo fiéis à ordem de Jesus, que nos disse para "comer a carne e beber o sangue"[108].

Por fim, na missa, Cristo não é sacrificado novamente na cruz. Diferentemente dos sacrifícios animais do Antigo Testamento, o sacrifício de Cristo foi perfeito e não precisa ser repetido continuamente (Hebreus 10, 10). Em vez disso, a cada missa o sacrifício de Cristo é *representado*, ou tornado outra vez presente, diante do Pai, e nós recebemos os efeitos salvadores desse sacrifício quando o consumimos sob a forma de pão e vinho na Eucaristia[109]. O *Didaquê*, manual de catecismo do século I, chega a dizer aos cristãos que "se reúnam no dia do Senhor, e partam o pão e ofertem a Eucaristia; mas antes disso confessem seus pecados para que o sacrifício possa ser imaculado"[110].

Aos pés do Senhor

Depois que me tornei católico, eu adotei o costume de contar quantas vezes recebia o Senhor na Eucaristia.

– É a sétima vez que recebo Jesus! – costumava dizer a mim mesmo. Hoje, eu já perdi a conta de quantas vezes recebi a Eucaristia, e, quando me sinto cansado ou entediado na missa, vem a tentação de só "acabar logo com isso".

Mas então eu me recordo de uma história que o filósofo Peter Kreeft gosta de contar. Ele diz que, quando um dos seus alunos explicou a Eucaristia para um amigo muçulmano, o homem falou:

– Eu não acho que vocês acreditem nisso de verdade.

O aluno indagou por que o muçulmano pensava assim, e este explicou:

– Se eu fosse acreditar de verdade que essa coisa que parece uma rodelinha de pão podia ser Alá [Deus], seria capaz de desmaiar na mesma hora. Cairia aos pés Dele como um homem morto[111].

Eu fico feliz de saber que o que "ganho" com a missa não é só um sentimento caloroso e difuso de bem-estar. É bem melhor ter a sensação de receber o Deus do universo nas minhas mãos, nos lábios e dentro do meu próprio corpo. É bem melhor ter a alegria de saber que Deus fez-se humilde a ponto de se tornar um objeto físico que adentra o templo do meu corpo (1 Coríntios 6, 19) e faz dele o lar para a sua presença verdadeira. Dessa forma, a própria vida de Jesus se une à minha para que eu possa partilhar com ele da vida eterna.

ELE DEU A VIDA PELA EUCARISTIA

No século III, mandaram que um jovem romano chamado Tarcísio, que auxiliava na missa, levasse a Eucaristia a prisioneiros que estavam para morrer no cárcere. Nessa época, era contra a lei professar a Fé, então os cristãos se escondiam em túmulos subterrâneos chamados de catacumbas. Quando Tarcísio emergiu das catacumbas para cumprir sua tarefa, um grupo de não cristãos exigiu que ele lhes entregasse a Eucaristia. Como ele se recusou a fazê-lo, foi espancado até a morte. De acordo com os registros que a Igreja mantém sobre mártires que morreram pela Fé, "os homens não puderam encontrar nenhum vestígio do Sacramento de Cristo, nem nas suas mãos, nem nas suas roupas. Os cristãos tomaram o corpo do mártir e o sepultaram com honras no cemitério de Calisto"[112].

Por que acreditamos: missa e Eucaristia

- Jesus é o novo cordeiro da Páscoa, que foi sacrificado para limpar os pecados do mundo.

- Na Páscoa judaica, era preciso comer a carne do cordeiro, e é por isso que Jesus nos deu a sua carne e o seu sangue em forma de pão e vinho.

- Cristo não é sacrificado novamente na missa. Em vez disso, o seu sacrifício único na cruz é reapresentado ao Pai e, por meio disso, nós recebemos a graça de Deus.

POR QUE BATIZAMOS OS BEBÊS

Eu ainda me lembro da noite em que fui batizado. Quando chamaram meu nome, eu caminhei até a frente da igreja e mergulhei os pés na água fria da fonte batismal. Sentindo a água serpentear ao redor dos tornozelos, eu ergui as mãos com as palmas voltadas para o alto e fechei os olhos.

Não me lembro de ter pensado em nada que não fosse a voz do padre, que dizia:

– Eu te batizo, em nome do Pai... – Quando ele verteu a água na minha cabeça, eu abri os olhos e vi o que pareceu ser uma cortina cintilante a me separar do resto da igreja. Ele prosseguiu:

– ...do Filho e do Espírito Santo.

Eu passei a mão no rosto para tirar a água dos olhos e vi centenas de pessoas irrompendo numa onda retumbante de aplausos, incluindo meus pais não católicos. Enquanto saía da fonte, eu pensei na conversão de São Paulo, que havia se tornado um herói para mim durante minha preparação para ser acolhido na Igreja.

Lemos na Bíblia que, após seu encontro com o Jesus ressurgido, São Paulo ficou cego até ser visitado por Ananias, mensageiro de Deus, que lhe disse: "O Deus de nossos pais te predestinou para que conhecesses a sua vontade, visses o Justo e ouvisses a palavra da sua boca, pois lhe serás, diante de todos os homens, testemunha das coisas que tens visto e ouvido. E agora, por que tardas? Levanta-te. Recebe o batismo e purifica-te dos teus pecados, invocando o seu nome" (Atos 22, 14-16).

Como o batismo funciona

Jesus nunca disse que o batismo era meramente uma demonstração para outras pessoas de que somos cristãos. Em vez disso, ele declarou que "quem não renascer da água e do Espírito não poderá entrar no Reino de Deus" (João 3, 5). São Pedro falou à multidão, em Jerusalém: "Arrependei-vos e cada um de vós seja batizado [...] para remissão dos vossos pecados" (Atos 2, 38), e na carta que escreveu a toda a Igreja, relatou que "o batismo [...] agora vos salva também a vós" (1 Pedro 3, 21).

Antes do ministério de Jesus na terra, um profeta chamado João Batista convidava as pessoas a abrir mão de seus pecados e adorar fervorosamente o Deus único e verdadeiro. O batismo ministrado por João não limpava os pecados, mas demonstrava o arrependimento da pessoa batizada por tê-los cometido[113]. O que João dizia era que, enquanto ele batizava com água, viria alguém depois dele (Jesus) que batizaria no Espírito Santo e em fogo (Mateus 3, 11). O batismo de Jesus não simbolizava apenas a rejeição dos pecados pelo pecador; ele lavava de fato os pecados cometidos pela pessoa.

BATISMO NO FOGO?

Na Bíblia, há muitas passagens em que o fogo simboliza a purificação, como os trechos em que a maneira como Deus nos santifica é comparada à forma como um ferreiro usa o fogo para queimar as partes corrompidas do metal. Assim como o fogo do ferreiro deixa apenas o metal puro e imaculado, o fogo do amor de Deus gera um fiel puro e livre da mancha do pecado (Provérbios 17, 3; Eclesiástico 2, 4-6). A Bíblia diz também que Deus é um fogo devorador (Hebreus 12, 29), o que quer dizer que Deus pode purificar e "queimar" os nossos pecados para que nos apresentemos imaculados em sua presença no juízo final (1 Coríntios 3, 15).

Deus sabe que usamos o pensamento *e também* os sentimentos para compreender o mundo. Para ajudar-nos a entender verdadeiramente a limpeza dos nossos pecados, ele escolheu usar um instrumento que todas as culturas da terra associam à vida e à saúde: a água. Foi por isso que Jesus instruiu seus discípulos para que batizassem todas as nações em nome do Pai, do Filho e do Espírito Santo (Mateus 28, 19).

Pecados pessoais x Pecado original

Eu era um jovem adulto quando fui batizado, o que quer dizer que todos os pecados que havia cometido até aquela altura da vida foram perdoados. Mas se o batismo limpa os pecados, e os bebês não cometem pecados, então por que os católicos batizam os bebês? O motivo é que, além dos pecados pessoais, ou atos de má conduta que cometemos contra as leis de Deus, existe outro tipo de pecado que todos nós temos: o pecado original.

O QUE É O PECADO?

- **Pecado original**: uma ausência da graça de Deus que é herdada e que nos deixa inclinados a pecar e a sofrer a morte (CIC, parágrafos 403 e 404).
- **Pecado pessoal**: a escolha de agir maldosamente que viola a lei eterna de Deus, ou a abstenção de fazer o bem (CIC, parágrafos 1.849 e 1.850).

Diferentemente do pecado pessoal, o pecado original não é nenhuma má ação que tenhamos feito, mas uma ausência da graça de Deus em nossa alma. O batismo "remove" o pecado original, enchendo nossas almas com o amor e a vida de Deus, ou sua graça. Portanto, quando eu fui batizado, Deus não apenas perdoou todos os pecados que eu havia cometido na vida até então, mas também preencheu meu coração com a sua vida e retirou a mancha do pecado original. Naquele momento, ele me deu, como diz Paulo, "o espírito de adoção pelo qual clamamos: Aba! [ou, literalmente: Papai!] Pai!

O Espírito mesmo dá testemunho ao nosso espírito de que somos filhos de Deus" (Romanos 8, 15-16).

Essa ausência da graça divina é chamada de *pecado original* porque ela é consequência do primeiro pecado cometido pelos seres humanos. Quando nossos primeiros pais, Adão e Eva, desobedeceram a Deus, eles perderam o dom da graça de Deus que os protegia da morte e do sofrimento. Depois de terem-na perdido, eles não puderam transmiti-la aos seus descendentes, que por sua vez não puderam transmiti-la a nós. A desobediência de Adão e Eva corrompeu a nossa natureza humana e tornou possível que os humanos sofressem e morressem. O batismo não é capaz de evitar a nossa morte física, porque ele não modifica a nossa natureza física. No entanto, ele promove uma mudança na nossa natureza espiritual, e é assim que, por meio do batismo, nós somos salvos da morte espiritual, por sermos unidos a Jesus Cristo.

A queda fatal

Há pessoas que dizem que não é justo que Deus nos castigue por causa de uma coisa que Adão e Eva fizeram, mas o pecado original não é um *castigo*. Em vez disso, ele é uma *consequência* do ato de Adão e Eva com a qual nós temos que arcar[114].

Para compreender isso, imagine que um homem recebe uma herança que o deixa rico, mas, por ganância, ele rouba mais dinheiro da propriedade do seu parente falecido. A esposa e os filhos do homem, que não sabem sobre o roubo que ele cometeu, ficam entusiasmados com a ideia de que as suas preocupações financeiras acabaram – até que chega a polícia, leva o homem preso, e os tribunais confiscam todo o dinheiro que ele havia herdado.

Os tribunais não castigaram os familiares desse homem, porque não fizeram nada de errado. No entanto, a esposa e os filhos acabam sofrendo, porque teriam sido abençoados com a riqueza caso o homem não tivesse roubado mais dinheiro. Da mesma forma, nós poderíamos usufruir os dons sobrenaturais da graça divina caso Adão e Eva não tivessem caído em desgraça e se rebelado contra Deus. São Paulo nos diz que, por causa da queda do homem, "entrou o pecado no mundo, e pelo pecado a morte, assim a morte passou a todo o gênero humano, porque todos pecaram" (Romanos 5, 12).

> "Ó necessário pecado de Adão,
> que foi destruído pela morte de Cristo!
> Ó ditosa culpa,
> que nos mereceu tão grande Redentor!"
> – *Exultet, entoado todos os anos durante a Vigília Pascal*

Apesar de a desobediência do homem ter amaldiçoado a humanidade, foi a obediência de um homem que a salvou (Romanos 5, 19). São Paulo diz que o sacrifício de Cristo expiou ou compensou não apenas o pecado de Adão, mas os pecados de todo o mundo (1 João 2, 2). Ele também diz que somos libertados do pecado ao morrermos e ressurgirmos com Cristo, mas como exatamente podemos "morrer e ressurgir" com Cristo? A explicação é a seguinte:

> Ou ignorais que todos os que fomos batizados em Jesus Cristo, fomos batizados na sua morte? Fomos, pois, sepultados com ele na sua morte pelo batismo para que, como Cristo ressurgiu dos mortos pela glória do Pai, assim nós também vivamos uma vida nova (Romanos 6, 3-4).

Levando as crianças para Cristo

A Bíblia diz que o batismo nos purifica do pecado (Atos 22, 16) e nos torna membros do Corpo de Cristo (1 Coríntios 12, 13). Devemos excluir bebês do Corpo de Cristo só porque eles não podem escolher se querem ser batizados? É claro que não! Os bebês também nunca escolheram ser afetados pelo pecado original, e nós podemos livrá-los dessa condição através do batismo. Jesus chegou até mesmo a dizer: "Deixai vir a mim estas criancinhas e não as impeçais, porque o Reino dos céus é para aqueles que se lhes assemelham" (Mateus 19, 14).

É verdade que em nenhum momento a Sagrada Escritura descreve explicitamente o batismo de bebês, mas há passagens sobre o batismo de famílias inteiras, e talvez houvesse crianças pequenas nessas famílias (Atos 16, 15, 16, 33; 1 Coríntios 1, 16). Embora a Bíblia também não descreva a maneira como devemos batizar as pessoas, isso não nos impede de ministrar o batismo.

Devemos despejar a água sobre a fronte da pessoa? Fazer com que ela mergulhe totalmente na água? Será que é possível só aspergir um pouco de água, principalmente se a pessoa viver em lugares como o deserto, onde esse é um recurso escasso? A palavra escrita de Deus não responde sobre isso, mas a sua palavra falada, preservada por meio da Tradição Sagrada, o faz. O *Didaquê* traz registros de como a Igreja do século I fazia o batismo:

> No que diz respeito ao batismo, façam-no da seguinte maneira: tendo dito anteriormente todas essas coisas, batize em nome do Pai, do Filho e do Espírito Santo num corpo vivo de água [ou seja, em água corrente, como a de um rio]. Se não houver um corpo vivo de água, batize em outra água; e se não for possível usar água fria, que seja a tépida. Se não houver nada disso, despeje água na cabeça por três vezes em nome do Pai, do Filho e do Espírito Santo[115].

A Bíblia também nos ensina que a Nova Aliança em Cristo é superior à Velha Aliança que Deus tinha com Israel (Hebreus 8, 6). Como a Velha Aliança incluía os bebês por meio da circuncisão (Gênesis 17, 12), a Nova Aliança também precisaria incluir os bebês, ou seria inferior à anterior. São Paulo, aliás, chega a referir-se ao batismo como "a circuncisão de Cristo" (Colossenses 2, 11).

Algumas pessoas, nos primeiros tempos da Igreja, acreditavam que isso indicava que se devia esperar oito dias para batizar os recém-nascidos, porque era isso que faziam no caso da circuncisão da Velha Aliança. Mas os Patriarcas da Igreja recomendavam que o batismo fosse ministrado assim que possível, especialmente porque naquela época havia um grande risco de os bebês morrerem pouco tempo após o nascimento.

> ## "NINGUÉM FICARÁ PARA TRÁS"
>
> No século III, São Cipriano disse: "A misericórdia e a graça de Deus não devem ser negadas a nenhuma pessoa nascida [...] ninguém ficará para trás, sem o batismo e sem a graça, muito menos crianças recém-nascidas"[116].

Negar a graça de Deus ministrada pelo batismo aos bebês para que eles possam escolher passar por isso depois de adultos seria como negar remédio a um bebê para que ele possa escolher "por si mesmo" depois que ficar mais velho. O pecado é algo grave demais para ser deixado no corpo de qualquer pessoa, quanto mais de uma criança. E foi por isso que eu, mesmo tendo sido batizado depois de adulto, dei a cada um dos meus filhos assim que nasceram um presente que não tive quando era da mesma idade: a graça de Deus infundida em seus corações por meio do sacramento do batismo.

Por que acreditamos: batismo

- O batismo remove o pecado, nos une a Cristo e nos torna membros do seu corpo, a Igreja.
- Bebês precisam ser batizados porque eles nascem com o pecado original. O batismo é a maneira habitual pela qual Deus remove o pecado original e nos torna seus filhos por adoção.
- Na Igreja dos primeiros tempos, o único debate era sobre em que momento os bebês deveriam ser batizados, e não se isso deveria ser feito.

PARTE 4

SANTOS E PECADORES

POR QUE ACREDITAMOS, APESAR DOS ESCÂNDALOS

Pouco depois de ter me tornado católico, eu estive numa festa onde amigos não religiosos estavam assistindo a uma matéria no noticiário sobre o escândalo dos casos de abuso sexual cometidos por membros do clero. Aparentemente, em muitas grandes dioceses, padres acusados de terem abusado de menores não haviam sido denunciados à polícia. Em vez disso, eles estavam sendo transferidos para paróquias (ou igrejas) diferentes, pondo em risco um número incalculável de crianças.

Quando entrei na sala onde estava a TV, um desses amigos voltou-se para mim com um sorriso sarcástico e disse:

– Bom trabalho na escolha da sua nova religião, Trent.

Colocando o escândalo em perspectiva

A sensação é de um soco no estômago quando algo ou alguém que é importante para você se vê envolvido em um escândalo. Pode ser até que você sinta um impulso para cortar todas as relações com o grupo ou a pessoa que está sendo alvo do escândalo e, assim, poder recomeçar do zero. Mas, como diz a citação atribuída a Santo Agostinho, "a Igreja não é um hotel para os santos, e sim um hospital para pecadores". A questão nunca é se os hóspedes são pecadores, ou mesmo se os funcionários são pecadores, e sim se o hospital (a Igreja) terá a *cura* para o pecado que está infectando a todos. O Papa Paulo IV dizia:

> A Igreja é, portanto, santa, mesmo tendo pecadores em seu meio, porque ela própria não tem outra vida que não uma vida da divina graça. Se vivem a sua vida, os seus membros são santificados; quando se afastam dela, caem no pecado e nas desordens que impedem a irradiação da sua santidade[117].

O escândalo dos abusos cometidos pelo clero não é prova de que Deus não existe, ou de que Cristo não fundou a Igreja Católica. Ao contrário, a repulsa que sentimos contra o abuso de crianças demonstra que certos atos serão sempre errados – seja na circunstância que for. E, como as leis morais universais só podem ter se originado de um legislador universal, ou Deus, isso quer dizer que o escândalo dos abusos cometidos pelo clero deveria servir para empurrar pessoas *para longe* do ateísmo, e não na direção dele.

O escândalo também não justifica a troca do catolicismo por uma igreja protestante, uma vez que o abuso sexual não é apenas um problema "católico". Segundo a Faculdade John Jay de Justiça Criminal, cerca de 4% dos padres que estiveram em serviço entre 1950 e 2002 foram acusados de abuso sexual (lembrando que a acusação nem sempre quer dizer que um crime tenha sido cometido)[118]. Os prêmios pagos por companhias de seguros indicam que há índices semelhantes de abuso nas igrejas protestantes. Declarou o porta-voz de uma das companhias: "Os pedidos de indenização que recebemos mostram que isso acontece com uma incidência semelhante em todas as denominações religiosas"[119].

Essa informação não justifica os incidentes envolvendo abuso sexual na Igreja, mas ela nos ajuda a encontrar uma reação apropriada a esses incidentes. Da mesma forma que ninguém afirmaria que as escolas públicas estão "cheias de professores pedófilos", nós não devemos difamar ou abandonar a Igreja por causa dos atos pecaminosos de uma minoria ínfima dos membros do clero.

> ## SERÁ QUE O ABUSO É UM PROBLEMA EXCLUSIVAMENTE CATÓLICO?
>
> Ernie Allen, diretor do Centro Nacional para Crianças Desaparecidas e Exploradas, declarou, em entrevista à revista *Newsweek*: "Nós não consideramos que a Igreja Católica seja um foco desse problema ou um local onde ele seja mais grave do que em outros lugares. Eu posso lhe dizer sem hesitação que vimos casos ocorrerem em muitos contextos religiosos, envolvendo desde pregadores itinerantes a pastores convencionais, rabinos e outros"[120].

APURANDO CORRETAMENTE OS FATOS

A maior parte das acusações de abuso sexual contra padres vem de incidentes ocorridos entre 1950 e 1980. Nessa época, pensava-se que o impulso para cometer abusos sexuais pudesse ser tratado com terapia, portanto nem sempre seria necessário envolver as forças de segurança pública. Segundo a dra. Monica Applewhite, que passou mais de vinte anos estudando o abuso e maneiras de evitá-lo, "essa abordagem da intervenção terapêutica para criminosos sexuais [em vez da prisão] era não apenas imensamente prevalente nos Estados Unidos, como também pesquisas feitas entre os cidadãos comuns mostram que ela era imensamente popular"[121].

Hoje a psicologia já demonstrou, entretanto, que criminosos sexuais têm alta probabilidade de reincidência no mesmo tipo de delito. Foi por isso que a Igreja Católica tomou medidas para aumentar a transparência e a confiabilidade no que diz respeito às denúncias envolvendo abuso sexual. A Igreja criou gabinetes de fomento a ambientes seguros e de proteção de menores que treinaram milhões de adultos para reconhecer os sinais de abuso. Dioceses do mundo inteiro instituíram políticas de tolerância zero que exigem a comunicação imediata e compulsória de suspeitas de abuso às forças de segurança pública. Em 2015, o Papa Francisco criou um tribunal especial para disciplinar bispos que tenham sido negligentes nas suas respostas a acusações de suspeita de abusos[122].

Segundo o jornalista David Gibson, "a Igreja Católica talvez seja o lugar mais seguro para crianças. Independentemente do que se viu no passado, a Igreja Católica nos Estados Unidos teve avanços sem precedentes nos esforços de educação do seu rebanho sobre o abuso de menores e para garantir que as crianças estejam em segurança em ambientes católicos"[123].

Uma história cheia de escândalos?

O escândalo dos abusos envolvendo o clero não é o único evento na história da Igreja que foi alvo de incompreensão. Basta pensar nas Cruzadas, que não foram empreitadas da Igreja para converter pessoas à força ou roubar suas terras. Nas palavras de Thomas Madden, um dos maiores especialistas mundiais nesse tema, "as cruzadas continuam sendo até hoje um dos eventos mais comumente incompreendidos da história do Ocidente"[124].

Em vez de partir em busca de riquezas e conquistas, os cruzados arriscavam suas vidas e sua integridade física para resgatar cristãos cujas terras e lares haviam sido tomados por invasores muçulmanos. Até mesmo peregrinos cristãos em visita à região estavam arriscando suas vidas para poder orar na Terra Santa. Trinta anos antes da Primeira Cruzada, por exemplo, um grupo pacífico de 7 mil peregrinos alemães foi cruelmente massacrado[125]. Foi esse evento, além de outros semelhantes, que levou o Papa Urbano II a conclamar a Primeira Cruzada. No seu discurso de 1095, o papa falou:

> Que aqueles que por tanto tempo foram saqueadores agora se tornem cavaleiros. Que aqueles que vêm lutando contra os próprios irmãos e parentes agora lutem de maneira digna contra os bárbaros. Que aqueles que têm atuado como mercenários em troca de ninharias agora alcancem a recompensa eterna[126].

Isso não quer dizer que os cruzados fossem sempre virtuosos. Alguns se aproveitaram da "névoa da guerra" para cometer atrocidades inomináveis contra civis ou mesmo contra outros cruzados. Mas isso não faz com que as Cruzadas tenham sido uma guerra injusta, da mesma maneira que o bombardeio à cidade alemã de Dresden, que matou milhares de civis, não transformou os Aliados em agressores injustos durante a Segunda Guerra Mundial.

UM RABINO EM DEFESA DO PAPA

Outro mito histórico sobre a Igreja tem a ver com o fato de o Papa Pio XII supostamente ter ignorado ou mesmo auxiliado ativamente os nazistas. Essa alegação, na verdade, surgiu de uma peça teatral de propaganda soviética de 1963 chamada *O Vigário*. Nas palavras do rabino David Dalin, autor de um livro chamado *O mito do papa de Hitler*:

> "Eugenio Pacelli [o futuro Papa Pio XII] foi um dos primeiros e mais consistentes críticos de Hitler, e [...] tanto na posição de secretário de Estado do Vaticano quanto em seguida como papa, ele na verdade foi um aliado do povo judeu e uma figura importante em operações de resgate e abrigo de muitos judeus contra as garras do nazismo"[127].

Por fim, quando as pessoas se concentram apenas no escândalo, elas se esquecem de como a Igreja Católica tem atuado como uma força em prol do bem no mundo. Foi a Igreja que ergueu as primeiras universidades do mundo ocidental, os primeiros hospitais, orfanatos e lares para doentes terminais. Seus missionários pregaram o evangelho em terras remotas, onde precisaram combater práticas de barbárie, tais como a queima de esposas na fogueira, o enfaixamento dos pés e o casamento de crianças. No século IV, o imperador romano reclamou que os cristãos "dão auxílio não apenas aos seus pobres, mas também aos nossos, e qualquer pessoa pode ver que nosso povo carece de amparo de nossa parte"[128].

Na sua história da medicina, o pesquisador Roy Porter afirma que "o cristianismo implantou o conceito de hospital" e que era considerado uma marca de santidade alguém se expor ao risco de infecções para cuidar dos doentes[129]. Esse legado permanece até hoje na Igreja Católica, que é a maior provedora não governamental de cuidados de saúde pública no mundo inteiro[130].

UM PADRE CONDUZ OS LEPROSOS A CRISTO

Ao longo da história da humanidade, muitas vítimas da lepra (doença que provoca insensibilidade nos membros e lesões na pele) se viram banidas para as "colônias de leprosos"[131]. Uma grande colônia desse tipo existiu na ilha de Molokai, no Havaí, onde em 1873 um padre de nome Damião se ofereceu para ser o primeiro sacerdote a pregar aos internos.

Nos onze anos seguintes, padre Damião fez o que muitos leprosos enfraquecidos pela doença não conseguiam fazer: ele construiu casas, igrejas e instalações de serviço público. O padre curava os doentes, dava assistência a órfãos e viúvas e ministrava os sacramentos. Em 1884, ele próprio contraiu a doença, e cinco anos mais tarde foi sepultado sob a mesma árvore debaixo da qual havia dormido quando pôs os pés na ilha pela primeira vez.

Em 2009, a Igreja o canonizou como São Damião de Molokai. A sua vida poderia ser resumida pelas seguintes palavras, que certa vez compartilhou com um amigo: "Eu fiz de mim mesmo um leproso entre os leprosos para arrebanhar a todos para junto de Jesus Cristo"[132].

Respondendo a acusações de "negligência espiritual"

Depois de uma das palestras que costumo dar ao público, uma mulher me abordou com a pergunta:

– Como é possível que os católicos tenham a verdadeira Igreja se os seus padres fazem tantas coisas horríveis?

A minha resposta foi outra indagação:

– Você está querendo dizer que todos os padres abusam de crianças?

– Ah, é claro que não – insistiu ela –, mas o fato é que um número excessivo deles fez isso.

– Que percentual você considera ser um número excessivo? Pessoalmente, eu penso que nesse caso um só já é um número excessivo, mas isso por acaso prova que a fé católica não é verdadeira?

– Se eles são mesmo servos de Deus na Igreja de Cristo – inquiriu ela –, como são capazes de uma coisa dessas?

E a minha réplica foi:

– Deixe-me perguntar uma coisa: o diabo odeia a Igreja de Cristo?

– Certamente!

– Sendo assim, dentre todos os membros da Igreja, quais são os que ele vai atacar com mais afinco?

A mulher pensou por um instante e respondeu:

– Os padres!

É por isso que nós devemos rezar pelos padres, da mesma forma que rezamos por todas as outras pessoas que lutam contra o pecado e contra o desespero no nosso mundo. Eu não estou querendo dizer com isso que devamos justificar ou ignorar os pecados cometidos por qualquer católico que seja, mesmo que essa pessoa seja um padre. Caso você ou alguma pessoa que ame tenha sido machucada por um membro da Igreja Católica, saiba que eu sinto muito por isso. Todos os responsáveis por esses crimes, independentemente de quem sejam, devem ser submetidos à justiça. Mesmo que se descobrisse que o papa em pessoa abusou de alguma criança, eu seria o primeiro a afirmar que ele deveria estar na cadeia. Mas, do mesmo modo que não se pode responsabilizar uma vítima de abuso pelo crime que foi cometido contra ela, a Igreja como um todo não pode ser responsabilizada por crimes cometidos por padres ou outros católicos que violaram seus ensinamentos.

Abandonar a Igreja porque um padre ou fiel cometeu um pecado grave seria como dar as costas aos hospitais por causa de um caso de negligência médica. O que esse médico fez foi errado, mas isso não muda o fato de que o hospital ainda é o melhor lugar para recorrer caso você se veja doente. Da mesma maneira, se Cristo deu à sua Igreja os meios para nos livrar do pecado, então não estaremos fazendo nada de bom por nós mesmos caso decidamos rejeitar esse recurso só porque alguns católicos que foram pivôs de um escândalo se recusaram a utilizá-lo.

Por que acreditamos: superando os escândalos

- Jesus jamais prometeu que a sua Igreja estaria livre dos pecadores, apenas disse que ela ofereceria recursos para salvar os pecadores.
- Há algumas alegações específicas de escândalo que se baseiam em mentiras ou interpretações equivocadas da história da Igreja.
- Os escândalos não devem ser ignorados, mas eles também não deveriam ser usados como justificativa para abandonar a Igreja, porque os pecados de uma minoria não contestam a verdade do que a Igreja como um todo ensina.

POR QUE ACREDITAMOS QUE A FÉ OPERA POR MEIO DA CARIDADE

Uma vez eu estava comendo algo num café, quando reparei que duas garotas numa mesa vizinha sorriram para mim. Eu devolvi o sorriso e elas começaram a vir na direção da minha mesa, o que me fez pensar: "Puxa, ainda estou mandando bem…" Então, uma delas falou:

– Oi, posso lhe fazer uma pergunta?

– Claro – respondi, no tom mais tranquilo que consegui.

– Você se importaria de responder a algumas questões para a nossa pesquisa?

"Ou não tão bem assim", pensei.

A primeira questão era qual era a minha religião, e eu disse a elas que era católico. Uma das garotas falou:

– Numa escala de 1 a 10, quão confiante você se sente de que irá para o céu?

Eu refleti por um instante e falei:

– Eu tenho bastante confiança de que vou para o céu, mas não saberia expressar isso com um número…

A segunda garota interveio na mesma hora, dizendo:

– Na verdade, o número certo para essa questão é 10 (eu não sabia que havia números errados numa pesquisa de opinião!). Tudo que você precisa para ir para o céu é acreditar em Jesus Cristo. Se você fizer isso, nunca vai perder a sua salvação.

Embora seja maravilhoso ouvir isso, o problema é que essa visão da salvação contradiz o que está na Bíblia. A Escritura não nos ensina que um simples ato de fé é garantia de irmos para o céu. Em vez disso, os textos mostram que a salvação é um processo de "fé operando por meio da caridade" (Gálatas 5, 6), e que ela se torna possível a partir do momento em que somos adotados na família de Deus.

O plano de Deus para a salvação

Deus deseja que todas as pessoas sejam salvas (1 Timóteo 2, 4). Foi por isso que, num ato de amor, Jesus Cristo, inteiramente humano, representou a todos nós na cruz e mostrou uma obediência perfeita à lei de Deus, que nenhum de nós jamais conseguiria alcançar. E, como Jesus é inteiramente divino, a sua morte na cruz foi infinitamente valorosa. Ela foi um sacrifício de amor tão bom que redimiu não apenas os pecados dos cristãos, mas os pecados do mundo inteiro (1 João 2, 2).

Isso significa que todo o mundo vai para o céu?

Deus deu a todo o mundo a graça de poder conhecê-lo e conhecer a sua proposta de salvação. Mas como Deus é amor e o amor nunca pode ser forçado no objeto da sua devoção, Deus não força as pessoas a serem salvas. Algumas pessoas vão rejeitar a sua proposta de salvação, mas outras não resistirão à graça divina. Elas enxergarão a feiura do pecado e pedirão que Deus as ajude a escapar dele. Essas pessoas seguirão o plano de três etapas apresentado na Bíblia para quem quer ser salvo:

- *Arrepender-se* (dar as costas ao pecado)

- *Acreditar* (voltar-se na direção de Deus)

- *Receber* (estar unido a Cristo)

Em seu primeiro sermão, São Pedro disse ao povo, em Jerusalém: "Arrependei-vos e cada um de vós seja batizado em nome de Jesus Cristo para remissão dos vossos pecados, e recebereis o dom do Espírito Santo" (Atos 2, 38). São Paulo, de maneira semelhante, disse ao carcereiro de Filipos: "Crê no Senhor Jesus e serás salvo, tu e tua família" (Atos 16, 31). O texto prossegue, relatando que o carcereiro "imediatamente foi batizado, ele e toda a sua família" (Atos 16, 33).

Os apóstolos pregavam dizendo que aqueles que se convertiam depois de adultos (como eu) tinham que se arrepender dos seus pecados, acreditar em Jesus e depois recebê-lo por meio do batismo. A ordem dessas três etapas, entretanto, pode ser modificada. No caso de uma pessoa que não tenha cometido nenhum pecado pessoal, como um bebê, o processo seria o seguinte:

- *Receber* (estar unido a Cristo)

- *Arrepender-se* (dar as costas ao pecado)

- *Acreditar* (voltar-se na direção de Deus)

Quando minha esposa era bebê, ela (como a maior parte dos católicos) foi batizada. Isso removeu a mácula do pecado original e encheu o seu espírito com a graça divina. Essa graça a ajudou quando ela começou a aprender sobre Jesus e garantiu a "motivação espiritual" para que se arrependesse dos pecados e acreditasse em Cristo e na sua Igreja.

Salvação: passado, presente e futuro

Então é só isso que basta para a nossa salvação? A pessoa só precisa se arrepender, acreditar e receber? Isso é o que basta para a *salvação inicial,* ou para sermos adotados na família de Deus. A salvação final só estará concluída depois que entrarmos no reino dos céus. Entre o ponto inicial e o final da salvação, há todos os momentos que vivemos nesta vida, quando devemos nos lembrar do ensinamento de Jesus quando nos disse que "aquele que perseverar até o fim será salvo" (Mateus 10, 22).

A salvação não se resume a um momento único, quando nós aceitamos a Cristo. Em vez disso, ela é um processo por meio do qual nós exercemos a nossa fé e obedecemos a Cristo até a hora da nossa morte. Vou criar uma imagem para ajudar a ilustrar o que estou querendo dizer.

Imagine que você está com alguns amigos num barco que foi tragado por uma tempestade, e esse barco está prestes a afundar. Você escuta uma mensagem pelo rádio dizendo que, se quiserem ser salvos, precisarão vestir os coletes salva-vidas, informar a sua posição e esperar pela chegada do resgate. Com o barco corcoveando sobre as ondas e a água espirrando para dentro do convés, você responde pelo rádio:

– Sim, venham nos salvar!

Todos então vestem os coletes salva-vidas e pulam para dentro da água.

Dois dias se passam, e nada do barco de resgate aparecer. Um dos seus amigos diz que a ajuda não vai chegar e decide nadar sozinho até a praia – e nunca mais volta a ser visto. Mais alguns dias se passam, até que um barco de resgate encontra o seu grupo, puxa todos para bordo e você solta um suspiro de alívio:

– Estamos salvos!

Mas em que momento exatamente a salvação aconteceu? Foi quando você firmou os pés no convés do barco de resgate? Ou no momento da troca de mensagens pelo rádio? A Bíblia ensina que a salvação é um processo que se inicia no *passado,* por meio da fé, continua através da vida que levamos no *presente* e termina com nosso *futuro* na glória eterna dos céus. Vamos examinar isso etapa por etapa:

Salvação no passado: em Efésios 2, 8-9, lemos que "é gratuitamente que fostes salvos mediante a fé. Isto não provém de vossos méritos, mas é puro dom de Deus. Não provém das obras, para que ninguém se glorie". E isso é verdade! Tanto no caso da minha esposa, que foi batizada quando era bebê e só depois passou a acreditar em Cristo, quanto no meu, que passei a acreditar em Cristo e então escolhi ser batizado, nós dois fomos salvos mediante a *fé*. Deus nos adotou como seus filhos, e nós não fizemos nada para merecer em troca o dom da fé; simplesmente escolhemos não rejeitá-lo. Mais ou menos como as pessoas no barco naufragado não rejeitaram a oferta de resgate que ouviram pelo rádio, mas escolheram aceitá-la e aguardar a ajuda.

Quando a Bíblia diz que não somos salvos por nossos méritos, isso quer dizer que não tivemos que fazer nada para merecer o primeiro momento da nossa salvação. Mas, como veremos a seguir, os méritos têm seu papel à medida que o processo se desenrola.

Salvação no presente: em Filipenses 2, 12, Paulo nos diz: "Trabalhai na vossa salvação com temor e tremor". Contanto que a pessoa se mantenha em estado de graça, ela irá para o céu após a morte. Em João 3, 36, lemos que "aquele que crê no Filho tem a vida eterna; quem *desobedece ao Filho* [grifo nosso] não verá a vida". É por isso que Tiago 2, 24 nos diz que "o homem é justificado pelas obras e não somente pela fé".

Não existem obras específicas que "conquistem" a nossa salvação. Em vez disso, nos tornamos dignos dela cooperando com a graça divina para realizar as obras que ele preparou para nós antes mesmo de termos nascido (Efésios 2, 10). Por sermos filhos de Deus por adoção, tudo aquilo que fazemos em Cristo, por mais banal e rotineiro que seja, agrada a Deus se o fizermos com o espírito da humildade e da caridade. Se, no entanto, cometermos um pecado mortal (1 João 5, 17) e decairmos da graça (Gálatas 5, 4), estaremos correndo o risco de perder a nossa salvação (Hebreus 10, 28-29).

Se abrirmos mão da nossa fé ou cometermos um pecado mais grave que nos separe de Deus, seremos, então, tolos como o sobrevivente do naufrágio que tentou nadar sozinho até a praia e acabou perecendo. São Paulo chegou até mesmo a alertar seu discípulo Timóteo para que não fosse como as pessoas que rejeitavam o que sua consciência lhes dizia para fazer e "naufragaram na fé" (1 Timóteo 1, 19).

JUSTIFICADOS APENAS PELA FÉ?

Em Romanos 3, 28, Paulo diz: "Julgamos que o homem é justificado pela fé, sem as observâncias da lei". Os reformistas entenderam que com essa fala o apóstolo estava combatendo a ideia de que as boas obras possam ter alguma influência na nossa salvação. Mas teóricos protestantes como James Dunn e N. T. Wright já demonstraram que Lutero e Calvino fizeram uma interpretação equivocada do argumento de Paulo[133].

Quando falou em ser justificado, ou ser tornado justo, independentemente da Lei, Paulo não estava indicando que as boas obras não têm nada a ver com a nossa salvação. Ele queria dizer que a pessoa é salva independentemente de se submeter à Lei de Moisés, ou que não é preciso que ninguém se torne judeu antes de ser cristão.

É por isso que, no versículo seguinte, Paulo diz: "Ou Deus só o é dos judeus? Não é também Deus dos pagãos?" (Romanos 3, 29). Esse é também o motivo pelo qual, em Gálatas 5, 6, Paulo afirma que "estar circuncidado ou incircunciso de nada vale em Cristo Jesus, mas sim a fé que opera pela caridade".

Paulo nunca ensinou que o que fazemos não tem a ver com a nossa salvação, porque ele dizia que Deus "retribuirá a cada um segundo as suas obras: a vida eterna aos que, perseverando em fazer o bem, buscam a glória, a honra e a imortalidade (Romanos 2, 6-7).

Salvação no futuro: da mesma forma que a provação dos sobreviventes do naufrágio só se encerrou quando eles pisaram em terra firme, a nossa salvação não estará concluída antes de entrarmos para o reino de Deus. Mas, em Romanos 10, 13, Paulo diz que "todo aquele que invocar o nome do Senhor será salvo". Isso não significa que tudo que precisamos fazer é acreditar, e então saberemos que a salvação virá?

Paulo não estava dizendo que a salvação de uma pessoa estará concluída no momento em que ela acreditar em Jesus. Em Romanos 13, 11, ele afirma que, para aqueles que já estão no caminho da crença há algum tempo, "a salvação está mais perto do que quando abraçamos a fé". A fé dá início à nossa salvação, e, se "guardarmos a fé" (2 Timóteo 4, 7), *aí então* nós "estaremos salvos". É por isso que Paulo faz um alerta à Igreja de Roma, dizendo que, se eles não se mantiverem sob a bondade de Deus, "também tu serás cortada" (Romanos 11, 22).

Para a nossa sorte, Deus deu à sua Igreja o "ministério da reconciliação". Qualquer pessoa que se separe de Cristo, independentemente do que tenha feito, poderá restaurar uma relação de proximidade com Deus por meio do sacramento da confissão (João 20, 23). Aqueles que escolhem se reconciliar com Deus sabem que "todo aquele que está em Cristo é uma nova criatura. Passou o que era velho; eis que tudo se fez novo" (2 Coríntios 5, 17-18).

Por que acreditamos: fé operando por meio da caridade

- Em primeiro lugar, nós obtemos a salvação no passado por meio do dom da fé que vem de Deus e que nos motiva a ser batizados (ou motiva alguém a nos batizar quando somos bebês).

- A nossa salvação no presente vem da ação de Deus sobre nós, que nos leva a obedecer a sua vontade em pensamento e nas ações (Filipenses 2, 13), para que assim possamos receber a salvação final no futuro.

- A salvação envolve estar em união com Cristo e ser adotado pela família de Deus, na qual Deus de bom grado recompensa seus filhos pelas boas obras que realizam com o dom da sua graça (Tiago 2, 24; Romanos 2, 6-8).

A FÉ OPERA POR MEIO DA CARIDADE

Por meio da graça de Deus os nossos corações se transformam, e assim podemos realizar atos caridosos que o agradam e nos preparam para entrar no seu reino. O efeito dessa graça pode ser visto em pessoas como Madre Teresa (hoje Santa Teresa de Calcutá), que dedicou a vida a servir os pobres e moribundos. Ela fundou as Missionárias da Caridade, ordem que hoje conta com milhares de religiosas que se comprometem por seus votos religiosos a oferecer "serviço devotado e gratuito aos mais necessitados entre os necessitados".

Parte desse serviço inclui lares para pessoas desenganadas que não puderam ser ajudadas nos hospitais e que foram abandonadas por seus familiares. As missionárias fundaram a primeira casa de acolhimento para pessoas afetadas especificamente pelo vírus HIV em Greenwich Village, em Nova York, em 1985. Um local semelhante foi aberto mais tarde na capital americana de Washington, mesmo sob protestos feitos nas ruas por residentes que não queriam "aquele tipo de gente" na sua vizinhança[134].

Madre Teresa costumava resumir o seu trabalho e sua fé da seguinte maneira: "O meu sangue é albanês, minha nacionalidade, indiana, e por minha fé sou uma freira católica. De acordo com minha vocação, eu pertenço a este mundo. De acordo com meu coração, pertenço inteiramente ao Coração de Jesus"[135].

POR QUE ACREDITAMOS NO PURGATÓRIO

C. S. Lewis, autor de *Cristianismo puro e simples* e de *As crônicas de Nárnia,* não era católico, mas acreditava na existência do purgatório. Ele sabia que a morte não modifica os nossos corações pecadores e que, portanto, Deus precisa fazer algo conosco depois que morremos a fim de nos tornar dignos de desfrutar a vida eterna ao seu lado. O autor dizia: "As nossas almas *clamam* pelo Purgatório, vocês não acham?"[136].

Em 1 João 5, 17, lemos que "toda iniquidade é pecado, mas há pecado que não leva à morte". A Igreja considera pecados *mortais* aqueles atos gravemente maldosos que cometemos por livre escolha e que destroem o amor de Deus que há em nossos corações. Esses pecados minam a nossa esperança de ter uma vida eterna junto a Deus, a menos que peçamos a ele que nos perdoe através do sacramento da reconciliação (ou confissão)[137].

Diferentemente dos pecados mortais, os pecados *veniais* ferem a alma, mas não chegam a matar a graça divina que habita nela. São os pecados que as pessoas cometem na sua vida cotidiana e que não as separam totalmente de Deus, embora prejudiquem o seu relacionamento com ele. Não é exigido dos católicos que confessem a um padre esse tipo de pecado (embora eles possam fazer isso se quiserem), e a Eucaristia também nos purifica deles. Mas o que acontece com as pessoas que não buscam os sacramentos e morrem no estado impuro do pecado venial?

Como essas pessoas morreram na graça e na proximidade com Deus, não há possibilidade de irem para o inferno. Mas em Apocalipse 21, 27 está dito que nada de profano entrará no reino dos céus. A lógica indica, portanto, que essas almas salvas terão que ser purgadas de seus pecados antes de desfrutar a vida eterna com Deus. Segundo o *Catecismo,* "A Igreja chama *Purgatório* a esta purificação final dos eleitos, que é absolutamente distinta do castigo dos condenados" (CIC, parágrafo 1.031).

O Purgatório não é uma alternativa ao céu nem ao inferno, muito menos uma "segunda chance" de escolher a Deus. Todas as almas que vão para o purgatório pertencem a pessoas que morreram na proximidade com Deus. O purgatório não é exatamente um lugar, mas um estado de existência após a morte onde seremos purificados do pecado. No entendimento de C. S. Lewis, o amor de Deus por nós é tão grande que ele não permitiria que ficássemos atrelados a qualquer pecado, mesmo os menos graves, por toda a eternidade.

C. S. LEWIS DESCREVE A NECESSIDADE DO PURGATÓRIO

Não seria de partir o coração se Deus nos dissesse: "É verdade, filho, que seu hálito cheira mal e seus andrajos estão cobertos de lama e imundície, mas aqui somos caridosos e ninguém vai repreendê-lo por essas coisas, nem repeli-lo por causa delas. Aceitas entrar para o júbilo?". E nós por acaso não responderíamos: "Com toda a humildade, senhor, mas, se me permite, eu preferiria me limpar primeiro".

"Mas pode ser que isso doa um pouco."

"Mesmo assim, senhor."

Onde na Bíblia lemos sobre o Purgatório?

Se você está se perguntando em qual passagem a Bíblia menciona o purgatório, pode ser que queira também indagar outra coisa: onde é que os textos bíblicos ensinam que todos os cristãos vão imediatamente para o céu após a morte?

Há quem diga que a Escritura ensina que "estar ausente do corpo é estar presente com o Senhor". Ou seja, que depois que morrermos estaremos "presentes com Cristo" no céu. Mas essa citação está equivocada. Em 2 Coríntios 5, 8, o que São Paulo na verdade diz é: "Estamos *preferindo* [grifo nosso] ausentar-nos deste corpo para ir habitar junto do Senhor".

Se eu disser que prefiro estar ausente do escritório e em casa com a minha família, isso não significa que assim que puser o pé fora do escritório eu automaticamente estarei em casa. Paulo chega inclusive a nos dizer que depois da morte nós não estaremos automaticamente no descanso eterno dos céus ao lado de Cristo. Em vez disso, o que ele afirma é que "teremos de comparecer diante do tribunal de Cristo. Ali cada um receberá o que mereceu, conforme o bem ou o mal que tiver feito enquanto estava no corpo" (2 Coríntios 5, 10).

COMO É O PURGATÓRIO?

Nós não sabemos exatamente no que consiste o processo de purificação, ou quanto tempo ele dura. Na cruz, Jesus disse ao bom ladrão: "Hoje estarás comigo no paraíso" (Lucas 23, 43), e o Papa Bento XVI declarou que "O 'momento' transformativo desse encontro não pode ser medido pela percepção do tempo que temos aqui na terra – ele se dá no tempo do coração, o tempo da 'passagem' à comunhão com Deus no Corpo de Cristo"[138].

O Antigo Testamento descreve como Judas Macabeu rezou pelas almas dos companheiros abatidos e "ofereceu um sacrifício a favor dos mortos, para que o seu pecado fosse perdoado" (2 Macabeus 12, 45). Sabendo que nenhuma prece pode ajudar os condenados ao inferno e que elas não são necessárias aos que estão salvos no céu, só podemos concluir que as suas orações tinham como alvo as almas que seriam purificadas de seus pecados no purgatório, após a morte.

"A existência de um purgatório jamais foi negada por mim. Eu ainda afirmo que ele existe, como já escrevi e admiti tantas outras vezes."

– Martinho Lutero[139]

Por que somos católicos

É verdade que os protestantes rejeitam a inspiração dos livros deuterocanônicos, como Macabeus 2, mas eles não podem negar que esses livros relatam a maneira como os judeus da Antiguidade rezavam pelos mortos para que seus pecados fossem perdoados. Na verdade, Jesus chegou a nos falar de pecados tão graves que não seriam perdoados nesta vida ou "na era que há de vir" (Mateus 12, 32). Mas isso indica que "na era que há de vir", ou seja, a vida após a morte, há pecados menos graves que poderão, sim, ser perdoados, o que se dá no purgatório.

Talvez o texto mais impactante a respeito da purificação pela qual passaremos depois da morte é a passagem que lemos em 1 Coríntios 3, 13-15. Nela, Paulo se refere ao teste a que nossas obras serão submetidas após a morte:

> A obra de cada um aparecerá. O dia [do julgamento] demonstrá-lo-á. Será descoberto pelo fogo; o fogo provará o que vale o trabalho de cada um. Se a construção resistir, o construtor receberá a recompensa. Se pegar fogo, arcará com os danos. Ele será salvo, porém passando de alguma maneira através do fogo.

Esses versículos descrevem claramente o julgamento feito por Deus após a nossa morte e de que maneira nossas obras serão expostas por meio do fogo. O fogo mencionado talvez não seja literal, porque esse elemento é comumente usado de forma metafórica nas Escrituras para se referir a limpeza e purificação (Mateus 3, 11-12). O texto diz que, quando as obras menos valorosas forem expostas pelo teste, o homem responsável por elas arcará com os danos, mesmo sendo salvo.

Que danos poderiam ser esses, se ele terá a salvação de todo modo? A interpretação mais natural é que eles se refiram ao sofrimento que terá que ser suportado depois da morte, à medida que os efeitos negativos das suas obras menos valorosas e perniciosas sejam purgados da sua alma. O homem será salvo, mas terá que passar pelo fogo da purificação – ou o que chamamos de purgatório.

Reparando os erros

É natural que nós, humanos, tenhamos o impulso de reparar os erros que cometemos, mas não há esforço da nossa parte capaz de compensar o erro provocado por nossos pecados contra um Deus infinitamente santo. (Apenas o sacrifício de Cristo pode fazer isso.) Está ao nosso alcance, entretanto, reparar as consequências mundanas ou temporais dos nossos pecados.

Eis aqui um exemplo para tentarmos entender essa diferença.

Se o meu filho de 5 anos por descuido quebrar a vidraça da janela do vizinho, eu vou pagar pelo conserto, já que ele não pode fazer isso. Se ele se mostrar arrependido pelo que fez, vou perdoá-lo, mas também farei com que ele tenha que desempenhar tarefas domésticas extras para compensar o mau comportamento. Isso deverá satisfazer o desejo da consciência dele de reparar o erro cometido, enquanto também o ajuda a aprender uma lição valiosa.

Há quem possa pensar que a disciplina é o oposto do amor, mas se você já conviveu com alguma criança mimada deve ter visto que a falta de disciplina pode deixar uma pessoa irritada, frustrada, egoísta e, de maneira geral, se sentindo péssima. Como Deus é o nosso pai amoroso, ele trata graciosamente de aplicar as correções de que necessitamos, ou, como está na Bíblia, "o Senhor corrige a quem ama e castiga todo aquele que reconhece por seu filho" (Hebreus 12, 6).

> Como Deus, nosso Pai, exerce seu amor por nós? "Ele nos corrige para o nosso bem, para sermos participantes da sua santidade" (Hebreus 12, 10).

Por exemplo, Deus perdoou o rei Davi por ter cometido os pecados de adultério e de assassinato, mas o disciplinou, permitindo que sofresse ao longo da vida (2 Samuel 12, 7-14). Sempre que pecamos, aliás, nós causamos dor e sofrimento às outras pessoas, além de desenvolvermos um apego nocivo pelo pecado. Felizmente, Deus, por meio da sua Igreja, nos deu um recurso para compensarmos as consequências dos nossos pecados e nos tornarmos santos, da mesma maneira que ele próprio é santo (1 Pedro 1, 16). Esse presente de Deus se chama indulgência.

As indulgências não são "ingressos especiais" que permitem que os católicos entrem no céu ou fiquem longe do inferno. As indulgências não perdoam pecados, e jamais foram vendidas pela Igreja[140]. Em vez disso, por meio de atos de fé e caridade sinceros e especificamente prescritos (como recitar determinadas preces ou mesmo ler a Bíblia), a Igreja aplica a nós as virtudes de Cristo e dos santos, para que sejamos purificados dos efeitos do pecado *antes* da morte, em vez de depois dela. Essas virtudes também podem ser aplicadas às almas do purgatório, se orarmos e obtivermos a indulgência para elas, da mesma maneira que rezaríamos por qualquer cristão que esteja buscando a santidade.

Em Colossenses 1, 24, Paulo diz que a sua compensação foi feita sofrendo "o que falta às tribulações de Cristo". Sabendo que o sacrifício de Cristo é perfeito, o que Paulo quer dizer nesse trecho é que o que falta é o *nosso* sacrifício. Deus quer que todos os nossos sacrifícios nesta vida sejam unidos a Cristo, para que assim, como uma só família, nós possamos ajudar uns aos outros a estar plenos da graça divina e livres dos efeitos do pecado. É por isso que São Paulo diz que, se somos filhos de Deus, então somos também "herdeiros de Deus e coerdeiros de Cristo, *contanto que soframos com ele* [grifo nosso], para que também com ele sejamos glorificados" (Romanos 8, 17).

O Purgatório afasta de Cristo?

Se o sacrifício de Cristo é perfeito e redime infinitamente o pecado, então qual é a necessidade de existir um purgatório? Ele é necessário porque o sacrifício perfeito de Cristo deve ser *aplicado* a cada indivíduo de maneiras diferentes.

Aqueles que rejeitarem a oferta de salvação de Jesus, por exemplo, não terão os efeitos salvadores do seu sacrifício aplicados à sua vida. Os fiéis que permanecerem apegados ao pecado nesta vida terão os efeitos do sacrifício de Cristo aplicados a eles depois que morrerem, no purgatório. Teólogos como o Papa Bento XVI chegaram até a especular que o fogo purificador do purgatório seria nada menos que o próprio Cristo. Ou, nas suas palavras:

> Há teólogos mais recentes que acreditam que o fogo que tanto pode queimar quanto salvar seja o próprio Cristo, o Juiz e o Salvador. Encontrar-nos diante dele é em si o momento decisivo do julgamento. Sob o seu olhar, toda falsidade se dissolve. Esse encontro, ao nos queimar, nos transforma e nos liberta, permitindo que nos tornemos verdadeiramente quem somos[141].

O purgatório não afasta da obra de Cristo, porque ele *é em si a obra de Cristo*. Ele não foi uma criação da Igreja para obrigar as pessoas a se esforçarem para entrar no céu. O purgatório foi criado por Deus para que a graça que seu Filho obteve para nós morrendo na cruz pudesse nos tornar "santos, imaculados, irrepreensíveis aos olhos do Pai" (Colossenses 1, 22), livres da dor e do castigo do pecado, e prontos para ingressar na glória eterna com Cristo, nosso Senhor.

Por que acreditamos: Purgatório

- O pecado provoca danos temporais e eternos à nossa alma, e esses danos precisam ser purgados antes da nossa entrada no céu.

- Cristo remove o castigo eterno do pecado, e é por meio da sua graça que os castigos temporais do pecado são removidos no purgatório.

- As indulgências são um meio pelo qual nós podemos remover os castigos temporais associados ao pecado por nós mesmos e pelas almas pelas quais rezamos e que estão no purgatório.

POR QUE REZAMOS PARA OS SANTOS

Nas semanas anteriores à minha admissão na Igreja Católica, eu me preparei não apenas para o batismo, mas para receber a confirmação. O sacramento do batismo usa a água para transmitir a graça que limpa os pecados, ao passo que o sacramento da confirmação se vale de mãos que ungem a fronte da pessoa com óleo. Esse óleo sela os dons do Espírito Santo, para ajudar o fiel a exercer sua fé católica. Em Hebreus 6, 2, lemos uma alusão a esse sacramento, quando o texto menciona como, após o batismo, nós recebemos a "imposição das mãos".

Em algumas igrejas, as pessoas que vão ser crismadas escolhem um novo nome para a cerimônia, em geral o nome de um santo que rezará por essa pessoa. Para muitos, a escolha mais comum é um santo com quem se identifiquem, e, como eu era alguém que desdenhava da fé cristã e depois passei a defendê-la, a minha escolha foi São Paulo. Ele foi, como se sabe, um líder judeu que mandava cristãos para a morte, mas depois de um encontro com Jesus ressuscitado tornou-se um dos maiores defensores da Fé (Filipenses 3, 3-11).

Depois da aula preparatória, um dos voluntários me abordou dizendo:

– Você escolheu Paulo como seu nome para a confirmação? Foi uma escolha bem ambiciosa.

O que eu quis responder foi que certamente estaria à altura dela, mas em vez disso tive que admitir:

– Eu sei, é por isso que preciso das orações dele.

Apenas um mediador?

Muitos não católicos têm dificuldades com a ideia de rezar para os santos porque pensam que prece e louvor são a mesma coisa. Se a Bíblia nos diz que devemos adorar apenas a Deus, nesse caso não deveríamos rezar somente para Deus? Mas a adoração ou louvor tem a ver com a honra que essa pessoa merece. Quando concedemos a alguém o título de "honorável", isso é um sinal de respeito, mas não significa que essas pessoas serão tratadas como deuses.

"Prece" vem do latim *precarius* e se refere a requisitar alguma coisa ou rogar. Em linguagem mais formal ou antiga, é comum que se ouçam coisas como "Vamos rogar às autoridades que intervenham". Isso não quer dizer que alguém considera as tais autoridades como deuses, mas apenas que lhes farão um pedido. Os católicos estão fazendo a mesma coisa quando rezam aos santos: eles não os estão honrando como deuses, mas fazendo pedidos a eles.

> ## DEFININDO OS TERMOS
>
> A Igreja usa três termos do grego para definir que tipo de louvor devemos dirigir às entidades celestes:
>
> - **Latria**: a adoração e o louvor reservados ao Deus Pai, Filho e Espírito Santo.
> - **Hyperdulia**: a honra que dirigimos a Maria, a mais abençoada das criaturas de Deus.
> - **Dulia**: a honra dirigida aos santos e anjos do céu.

Por que devemos pedir aos santos que rezem por nós lá do céu, quando podemos nos dirigir diretamente a Deus? Afinal, em 1 Timóteo 2, 5, lemos que "há um só Deus e há um só mediador entre Deus e os homens: Jesus Cristo, homem". Os católicos concordam que é uma maravilha poder rezar diretamente a Deus, mas, se esse argumento fosse tomado literalmente, a lógica nos proibiria, então, de pedir a *qualquer pessoa* na face da Terra que rezasse por nós.

Afinal, por que pedir a um amigo que reze por você se você mesmo pode se dirigir diretamente a Deus? Nós sabemos que, obviamente, São Paulo encorajou os cristãos a rezar por todas as pessoas (1 Timóteo 2, 1-4), então o trecho de 1 Timóteo 2, 5 só pode querer dizer que Cristo é o nosso único mediador para a *redenção*. Jesus Cristo é a única pessoa que une Deus e os homens e que remove a barreira do pecado entre eles. Mas o papel único de Cristo como nosso redentor não impede que nós atuemos como mediadores e possamos interceder uns pelos outros – seja aqui nesta vida, seja depois dela.

Todos os cristãos estão unidos uns aos outros porque somos todos membros do corpo de Cristo. Em Romanos 12, 5, está dito que "assim nós, embora sejamos muitos, formamos um só corpo em Cristo, e cada um de nós é membro um do outro". Se os santos que estão no céu são cristãos, então eles só podem pertencer ao mesmo corpo de Cristo do qual todos os outros cristãos fazem parte. Isso quer dizer que os cristãos no céu estão unidos por esse laço de amor aos cristãos na terra, portanto não há nada de errado em pedir que eles rezem por nós[142].

Os santos estão vivos ou mortos?

Não faz sentido afirmar que os cristãos que estão no céu sejam uma espécie de "membro amputado" do corpo de Cristo que não possa interceder por nenhuma das outras partes dele. Jesus referiu-se a si mesmo como a videira e disse que nós somos os ramos (João 15, 5). E, se é ele mesmo que detém as "chaves da Morte" (Apocalipse 1, 18), então como a morte poderia ser capaz de separar os galhos uns dos outros, visto que estão todos espiritualmente conectados à mesma videira?[143]

Jesus afirmou que Deus "não é o Deus dos mortos, e sim dos vivos" e recordou à audiência formada por judeus que o Pai lhes dissera: "Eu sou [e não 'eu fui'] o Deus de Abraão, o Deus de Isaac e o Deus de Jacó" (Marcos 12, 26-27). Nos tempos de Cristo (assim como no tempo de Moisés), o Pai ainda era o Deus de heróis do povo judeu como Abraão, que havia morrido séculos antes. Descartar os santos como se estivessem "mortos" é ignorar o fato de que, graças à sua união celestial a Cristo, eles estão ainda mais vivos do que quando estiveram na terra.

Aliás, em Hebreus 12, 1, temos uma referência explícita ao fato de os santos no céu terem conhecimento do que se passa na terra. No capítulo 11 do mesmo livro, há a exaltação de personagens do Antigo Testamento como Abraão, Moisés e Davi, e logo no primeiro versículo do capítulo 12 (lembrando que no texto original não havia a divisão em capítulos) lemos: "Desse modo, cercados como estamos de uma tal nuvem de testemunhas, desvencilhemo-nos das cadeias do pecado. Corramos com perseverança ao combate proposto".

O estudioso da Bíblia e protestante William Barclay afirma, a respeito dessa passagem: "Os cristãos são como corredores diante de uma arena lotada. Enquanto eles seguem adiante, estão sob os olhares da plateia; e essa plateia que os observa é formada por aqueles que já ganharam a coroa."[144] Os personagens importantes do Antigo Testamento, que serão sempre honrados como santos pela Igreja (CIC, parágrafo 61), são como a plateia de um estádio cósmico que torce por nós, para que possamos alcançar a linha de chegada e "guardar a fé" (2 Timóteo 4, 7) sem ser desclassificados em razão de nossos pecados (1 Coríntios 9, 27).

COMO É QUE OS SANTOS OUVEM AS NOSSAS PRECES?

Pode ser difícil conceber de que forma os santos no céu ouvirão as nossas orações, mas para Deus nada é impossível (Mateus 19, 26). Se no Pentecostes Deus deu aos apóstolos a habilidade de falar e compreender línguas estranhas, não há motivo para acharmos que ele não daria o mesmo dom aos santos (Atos 2, 4-6). Além do mais, se é verdade que Deus nos dará corpos glorificados no final dos tempos, então por que ele não nos daria também mentes glorificadas, capazes de saber muito mais do que a mente humana normal?

Em 1 Pedro 5, 8, está dito que "Vosso adversário, o demônio, anda ao redor de vós como o leão que ruge, buscando a quem devorar". Lembre que esse alerta de Pedro vale para todos os cristãos de todos os tempos e lugares. Isso significa que o demônio, que é simplesmente uma criatura, tem a habilidade de aliciar bilhões de cristãos ao mesmo tempo, lançando mão das tentações únicas que criou especificamente para cada um deles[145]. Se o inimigo de Deus é capaz de saber o que bilhões de humanos fazem a fim de tentá-los, então por que os amigos de Deus, os santos, não teriam esse mesmo conhecimento e não o usariam para rezar por nós?

Uma ajuda lá de cima

Se os santos no céu têm consciência do que afeta os fiéis na terra, então isso nos leva ao questionamento natural quanto a pedir ou não que rezem por nós. Há quem diga que o ato de rezar para os santos não está na Bíblia, portanto os cristãos não deveriam fazer isso. Mas a Bíblia também não traz relatos de ninguém rezando "a oração do pecado" ("Senhor Jesus, eu sou um pecador. Por favor, me salve"), mas isso não faz com que seja errado recorrer a ela.

A Bíblia nos ensina que as preces das pessoas santificadas são mais eficazes do que as preces dos menos santificados. Por exemplo, depois que os companheiros de Jó incorreram no pecado, Deus instruiu Jó para que rezasse por eles. Isso porque Jó era um homem muito bom e Deus ouviria as suas preces (Jó 42, 8-9). Em Tiago 5, 16, lemos que "a oração do justo tem grande eficácia" – e quem poderia ser mais justo do que os santos que estão no céu, que foram purificados de todo o pecado? Hebreus 12, 23 traz uma referência a essas pessoas como sendo "as almas dos justos que chegaram à perfeição", e em Apocalipse 5, 8 lemos uma descrição de como eles oram a Deus.

Por fim, da mesma maneira que os protestantes não adoram as cruzes de madeira diante das quais fazem suas preces, mas usam-nas como símbolos que recordam a morte e a ressurreição de Cristo, os católicos não adoram as estátuas dos santos diante das quais se curvam ou se ajoelham. Em vez disso, esses objetos são usados para ajudar na sua oração, e a postura corporal dos fiéis é um sinal de respeito pelas entidades que eles representam – não um ato de adoração divina. Curvar-se diante de alguém que não é Deus nem sempre está errado, porque o próprio Jesus, por exemplo, prometeu à Igreja que no final dos tempos ele faria os seus inimigos virem "prostrar-se aos teus pés e reconhecerão que eu te amo" (Apocalipse 3, 9).

No século III, São Clemente de Alexandria afirmou que quando um cristão reza, "apenas por meio da própria oração ele tem o coro dos santos ao seu lado"[146]. Na verdade, preces encontradas nas catacumbas cristãs do século IV mostram como as pessoas pediam que seus entes queridos já falecidos intercedessem por elas. Numa inscrição perto de Santa Sabina, em Roma, lê-se: "Atticus, descanse em paz, tranquilo na segurança eterna, e reze fervorosamente por nossos desejos pecaminosos"[147].

Os católicos de hoje simplesmente dão continuidade à tradição cristã de honrar com respeito e pedir pela intervenção dos homens e mulheres santificados que reinam ao lado de Deus nos céus.

PEDINDO A UM SANTO POR UM MILAGRE

Durante a Guerra da Coreia, o padre Emil Kapaun serviu como capelão e muitas vezes celebrava a missa usando o capô do próprio jipe como altar. Ele também pregava aos soldados que enfrentavam a morte sob o fogo inimigo. Quando o seu pelotão foi capturado e confinado num campo de prisioneiros, o padre Kapaun cavou latrinas, abriu mão da própria comida e realizou muitos outros atos de heroísmo para ajudar os soldados que estavam sob o seu cuidado espiritual. Em 1951, o padre Kapaun faleceu no Campo Sombakol para prisioneiros de guerra, mas mais de cinquenta anos mais tarde há testemunhos de pessoas que afirmam que ele não parou de ajudar rapazes necessitados.

Chase Kear, membro da equipe de atletismo do Kansas Community College, sofreu uma lesão craniana aparentemente fatal numa prova de salto com vara. Como o padre Kapaun sempre havia ajudado rapazes em situações desesperadoras, uma tia de Chase pediu à comunidade da sua igreja que rezasse por uma intervenção dele (o padre Kapaun também havia sido criado numa cidade próxima, no próprio Kansas). Sete semanas mais tarde, Chase teve alta do hospital e contou a sua história aos repórteres, mesmo tendo tido uma grande parte do seu cérebro removida cirurgicamente[148].

Chase e a família atribuem a recuperação às orações feitas ao padre Kapaun, e, no momento em que escrevo este livro, o Vaticano está investigando esse incidente como evidência para a possível canonização do capelão.

Por que acreditamos: os santos

- A Bíblia nos ensina que há apenas um corpo de Cristo, e os santos no céu pertencem a ele.
- Cada membro do corpo de Cristo deve rezar pelos outros membros.
- Os santos no céu podem ouvir as nossas preces, e as preces deles são poderosas por causa da sua condição de santidade.

POR QUE HONRAMOS A MARIA

Alguns meses depois que eu havia sido recebido na Igreja Católica, a minha família atravessou uma crise. Eu estava cursando o ensino médio quando minha mãe me contou que havia sido diagnosticada com um grande tumor no abdome. Ela não sabia quanto tempo de vida ainda teria pela frente, e meu pai não estava na melhor condição para ser a pessoa responsável por cuidar de mim e dos meus irmãos.

Eu senti como se tivessem jogado todo o peso do mundo nos meus ombros e disse à minha mãe:

– Preciso ir para a Igreja para dar conta de processar isso tudo.

Ela havia se afastado da Fé muitos anos antes, mas entendeu que isso era algo importante para mim, então anuiu com a cabeça. Eu lhe dei um abraço, disse que a amava e comecei a andar na direção da igreja.

Quando me ajoelhei naquela igreja escura e vazia, eu tinha as mãos crispadas e os olhos pregados na chama bruxuleante das velas do altar. Eu pedia e pedia a Deus que ficasse tudo bem. Foi então que vi uma estátua de Maria. Depois de respirar bem fundo, rezei:

> Ave Maria, cheia de graça, o Senhor é convosco.
> Bendita sois vós entre as mulheres, bendito é o fruto
> do vosso ventre, Jesus. Santa Maria, Mãe de Deus, orai
> por nós, os pecadores, agora e na hora de nossa morte.

A devoção a Maria foi a última dificuldade a ser vencida no meu percurso de entrada para a Igreja Católica. No começo, me parecia que os católicos exageravam na atenção dada a ela, transformando-a numa deusa rival, que tirava parte da glória de Cristo. Mas, quanto mais eu lia as Escrituras, mais percebia que Maria não afastava as pessoas de Cristo, mas sim as conduzia até ele.

A mãe de Deus

O título mais importante dado pela Igreja a Maria é também o que explica por que ela tem tanta relevância para os católicos: *theotokos*. Esse é um termo grego que quer dizer "portadora de Deus", mas que em geral é traduzido como "a Mãe de Deus". Maria é honrada acima de todas as outras criaturas de Deus porque ela é a que tem a relação mais íntima com ele. Ela deu à luz Deus, o amamentou, ensinou-lhe sobre a vida, seguiu seus passos enquanto ele pregava aos homens, e era ela que estava ao pé da cruz quando Jesus, o Deus-homem, morreu.

> Se Jesus é Deus e Maria é sua mãe, a lógica nos leva a concluir que Maria é a mãe de Deus.

Nesse ponto, pode ser que algumas pessoas estejam dizendo: "Maria não deu à luz Deus, ela deu à luz Jesus". Sim, mas não é verdade que Jesus é Deus? Chamar Maria de Mãe de Deus não significa que ela tenha sido a criadora da Trindade ou que Maria existia antes que Deus existisse. Ser mãe quer dizer ter concebido e dado à luz uma pessoa. Deus é uma Trindade formada por três pessoas divinas: o Pai, o Filho e o Espírito Santo. Uma dessas pessoas, o Filho, fez-se homem e teve uma mãe (Gálatas 4, 4). A lógica nos leva a concluir que essa mulher, ou Maria, é a Mãe de Deus[149].

Mães não dão à luz "naturezas" ou "a humanidade", elas dão à luz pessoas. A pessoa a quem Maria deu à luz era a segunda pessoa divina da qual se compõe a Trindade, Deus Filho, a quem ela e José deram o nome de Jesus. Até mesmo os protestantes compreendem que ela deva ser honrada por isso. De acordo com Timothy George, "os evangélicos podem e devem se unir à igreja católica nas celebrações da Virgem Maria como a mãe de Deus, aquela que foi a portadora da divindade em seu corpo"[150]. Martinho Lutero afirmava, com muita eloquência: "Os homens reuniram toda a sua glória numa única palavra, ao chamá-la de a Mãe de Deus"[151].

Para sempre virgem

Quando os católicos chamam Maria de "santíssima virgem", eles querem dizer que ela não só não teve relações sexuais antes de dar à luz Jesus, mas que nunca teve relações sexuais. Maria permaneceu virgem em toda a sua vida. Mas não lemos em Mateus 1, 25 que ela se absteve de relações com o marido "até" dar à luz Jesus?

Sim, é isso que o texto diz, mas a palavra "até", nesse versículo, não necessariamente implica uma mudança posterior dessa condição. Em 2 Samuel 6, 23 (Bíblia NVI), está escrito que "até o dia de sua morte, Mical, filha de Saul, jamais teve filhos", mas isso não significa que ela tenha tido filhos *depois* de morrer. Da mesma forma, em 1 Coríntios 15, 25 está escrito que "é necessário que ele [Cristo] reine, até que ponha todos os inimigos debaixo de seus pés", e sabemos que ele reinará mesmo depois que tenha derrotado todos os seus inimigos.

O texto de Mateus 1, 25 simplesmente nos diz que Jesus nasceu de uma virgem. A respeito desse trecho, o reformista protestante João Calvino escreveu que "não há como fazer qualquer inferência justa e bem-fundamentada a partir dessas palavras do evangelista [...] quanto ao que se passou após o nascimento de Cristo"[152].

E quanto aos "irmãos do Senhor"? No texto de Mateus 13, 55-56, o povo de Nazaré, ao falar de Jesus, indaga: "Não é este o filho do carpinteiro? Não é Maria sua mãe? Não são seus irmãos Tiago, José, Simão e Judas? E suas irmãs, não vivem todas entre nós?". Mas devemos lembrar que Maria chamou José de pai de Jesus (Lucas 2, 48), embora José não fosse o seu pai biológico. Isso quer dizer que os irmãos e irmãs de Jesus mencionados nesse trecho talvez não fossem seus irmãos e irmãs *biológicos,* e não tivessem Maria como mãe.

O termo grego que nesse trecho se traduz como "irmãos" também é usado na Bíblia para se referir a primos ou sobrinhos[153]. Na verdade, o próprio evangelho de Mateus menciona que Tiago e José eram filhos de outra mulher chamada Maria (Mateus 27, 56), e o fato é que nenhum dos ditos irmãos e irmãs de Jesus, em momento algum, é chamado de filho ou filha de Maria. E, em João 19, 26, Jesus confia sua mãe ao apóstolo João, e não a algum dos irmãos ou irmãs citados. Isso nos dá ainda mais evidências de que Jesus não tinha irmãos biológicos a quem confiar Maria.

Portanto, podemos concluir que no texto os nazarenos se referiam a parentes de Jesus, talvez seus primos. Ou que José talvez fosse viúvo e tivesse tido esses filhos em um casamento anterior. Isso explicaria por que as pessoas da cidade se referiam a Jesus como "o filho de Maria", e não, como seria mais tradicional, "o filho de José". Isso indicaria que ele não era filho do casamento anterior de José. Seja como for, os "irmãos do Senhor" não eram filhos ou filhas da Virgem Maria.

É importante lembrar que a decisão de Maria de se abster da intimidade sexual não se deu porque o sexo seria uma coisa ruim. Foi, na verdade, porque ter o Espírito Santo "descendo sobre ela" (Lucas 1, 35) e ver seu corpo tornar-se o abrigo mais íntimo de Deus era algo maravilhoso! No Antigo Testamento, quando uma mulher dava à luz uma criança, ela passava a pertencer ao pai dessa criança. Ao dar à luz o filho de Deus, Maria passou a pertencer a Deus, e devotou sua vida inteira a ele[154].

José continuava sendo o marido de Maria perante a lei e era o seu protetor, numa cultura que muitas vezes tratava as mulheres injustamente. Entretanto, ele também compreendia que muitas das convenções normalmente aceitas sobre o matrimônio seriam diferentes no seu caso, porque a sua família era "a Sagrada Família", incumbida por Deus de criar a pessoa mais importante que já viveu neste mundo.

Imaculada Conceição e assunção corporal

A *Imaculada Conceição* não se refere à concepção milagrosa e virginal de Jesus no útero de Maria. Em vez disso, a expressão significa que a própria Maria foi concebida sem a mácula do pecado original.

O meio usual para limpar o pecado original é o batismo, mas Deus é livre para conceder a sua graça a quem quer que escolha. Como ele sabia por toda a eternidade que Maria diria "sim" ao ser procurada para ser a mãe de seu Filho, quando ela foi concebida, então, Deus lhe deu uma abundância da graça divina. Em Lucas 1, 28, o anjo Gabriel diz a Maria: "Ave, cheia de graça, o Senhor é contigo". O termo grego que se traduziu como "cheia de graça" se refere a alguém que possui a graça divina como uma qualidade integral e duradoura de si mesmo[155].

Mas não está dito na Bíblia que todas as pessoas têm pecados (Romanos 3, 10)? E, se isso é mesmo verdade, como Maria pôde ser concebida sem mácula?

Em primeiro lugar, a passagem é uma alusão ao fato de que tanto judeus quanto não judeus são pecadores e precisam de Cristo. Em Romanos 9, 11, Paulo nos diz que antes de Isaac e Esaú terem nascido, eles não haviam feito nem bem nem mal. Há milhões de seres humanos que morrem ainda na infância, muito antes de ter idade para se responsabilizar moralmente por seus atos e, portanto, sem terem cometido qualquer pecado pessoal.

Mas não é verdade que todos os humanos nascem com o pecado *original*? Não, porque Jesus foi humano e ele nasceu sem o pecado original. Se escolhemos dizer que Jesus é a exceção, porque ele é Deus ou o novo Adão, cuja obediência desfez o crime do primeiro Adão, então podemos dar espaço a outra exceção: Maria, a Mãe de Deus, é a "nova Eva", cuja obediência a Deus desfez a maldição trazida pela antiga Eva. No século II, São Irineu afirmou: "O nó da desobediência de Eva foi afrouxado pela obediência de Maria. Aquilo que a virgem Eva havia atado com a sua descrença, a Virgem Maria afrouxou por meio da fé"[156].

Por fim, Deus demonstrou o amor incomparável por sua mãe elevando o seu corpo e sua alma para os céus ao fim da sua vida terrena. No Antigo Testamento, Deus ascendeu, ou elevou, o corpo e a alma do profeta Elias para o céu antes da sua morte (2 Reis 2, 11). A Igreja ensina que Maria também foi ascendida para o céu, e em Apocalipse 12, 1 lemos sobre uma mulher nos céus, vestida de sol, que dá à luz o Messias. Ela surge logo após uma visão da Arca da Aliança, que continha as tábuas de pedra em que Deus escreveu. Seria razoável identificar, portanto, essa mulher no céu como Maria, já que ela era a Arca da Nova Aliança, que carregou em seu corpo a palavra de Deus tornada carne, Jesus Cristo.

"Todas as gerações me proclamarão bem-aventurada"

Enquanto estava ajoelhado naquela igreja escura rezando sem parar a ave-maria, eu comecei a enxergar com mais clareza que os católicos não estavam transformando Maria em uma Deusa. O motivo pelo qual Maria é "cheia de graça", "santa", "bem-aventurada" e a "Mãe de Deus" é que o seu filho é Jesus Cristo. (É impressionante pensar que, pelo resto dos tempos, o Deus Filho não apenas terá um rosto e um corpo humanos, mas uma aparência física semelhante à de uma mulher humana que viveu há cerca de 2 mil anos.) A única coisa de que se pode "culpar" os católicos é de reconhecerem o papel extraordinário que Maria desempenhou na história da humanidade. Em Lucas 1, 48-49, ela própria afirma que "me proclamarão bem-aventurada todas as gerações, porque realizou em mim maravilhas aquele que é poderoso e cujo nome é santo".

E, por falar em mães extraordinárias, poucas semanas depois de ter me contado sobre o diagnóstico que recebera, minha mãe foi liberada do hospital. Eu continuei nervoso até receber dela a notícia: o seu tumor era benigno. Os médicos acabaram constatando que ele tinha o tamanho de uma bola de basquete, mas era benigno. Eu rezei a Deus: "Obrigado por deixar minha mãe ficar aqui comigo por mais um tempo" e, para a mãe dele, rezei: "Por favor, leve a mim e a toda a minha família mais para perto do seu filho, Jesus Cristo".

Por que acreditamos: Maria

- Dentre todas as criaturas de Deus, Maria é a que tem a relação mais próxima com Deus, porque deu à luz a ele.

- Como Mãe de Deus, Maria permaneceu virgem pela vida inteira, foi concebida sem o pecado original e ascendida para os céus.

- Os católicos honram a Maria porque ela sempre nos conduz para junto de seu filho, Jesus Cristo.

PARTE 5

MORALIDADE E DESTINO

POR QUE PROTEGEMOS A VIDA

N a Roma Antiga, os pais tinham direitos quase ilimitados sobre suas famílias. Esses *paterfamilias*, como eram chamados, podiam até pegar os próprios filhos recém-nascidos e abandoná-los no mato, caso não os quisessem. Por vezes, algum passante encontrava a criança, tomava-a para si e a criava como escrava, mas a maioria delas era atacada por animais ou morria à míngua, lentamente.

Em meio a esse contexto de horror, os membros de uma nova religião chamada de cristianismo decidiram se opor. Seu catecismo proibia que matassem crianças, antes ou após o seu nascimento, e havia alguns que inclusive resgatavam bebês abandonados e os criavam como se fossem seus filhos[157]. Os pais, na época do Império Romano, tinham o direito de escolher o que aconteceria com suas famílias, mas os cristãos afirmavam que não cabia a pessoa nenhuma "escolher" matar diretamente outro ser humano inocente.

Hoje, a matança de crianças indesejadas continua acontecendo, mas ela não acontece no meio do mato. Em vez disso, se dá dentro de hospitais e clínicas, onde é chamada de "direito de escolha". Mas, da mesma forma como já fazia há 2 mil anos, a Igreja Católica se opõe à matança de seres humanos não nascidos, e o faz com base em argumentos seculares que qualquer pessoa razoável pode compreender.

Uma moralidade imposta?

Há quem diga: "Não é a favor do aborto? Não aborte!" ou: "Não venha impor sua moral a mim!". Mas pessoas civilizadas impõem a sua moral às outras o tempo todo. Nós impomos o ponto de vista de que roubar é errado a quem furta coisas em lojas e acha que isso "não é nada de mais". Nós impomos o ponto de vista de que abusar de crianças é errado a pais que acham que, se eles batem nos seus filhos, "ninguém tem nada a ver com isso". E, além do mais, a Igreja não *impõe* a sua moralidade. Em vez disso, ela *propõe* gentilmente um estilo de vida em que todos os seres humanos sejam tratados com respeito e compassividade.

> "O Estado talvez não deva impor a religião, mas ele precisa assegurar a liberdade religiosa e a harmonia entre os seguidores das diferentes religiões."[158] – Papa Bento XVI

Certa vez, quando eu estava ministrando uma palestra em uma universidade leiga, uma mulher da plateia perguntou se eu negaria o aborto a uma grávida que já tivesse três filhos os quais mal conseguisse sustentar. Eu concordei com ela que a pobreza é uma condição extremamente difícil, mas perguntei a ela:

– Seria errado se essa mulher resolvesse matar um dos seus filhos já nascidos, uma criança de dois anos, digamos, para fazer com que o bebê por nascer tivesse mais recursos?

A mulher respondeu:

– É claro que isso seria errado.

Ao que eu retruquei, simplesmente:

– Por quê?

– Porque você não pode matar seres humanos *de verdade* – foi a resposta dela.

E era essa, e não a pobreza, a verdadeira questão. Se crianças no útero não são seres humanos *de verdade*, então o aborto é só uma cirurgia de rotina, e ser contra ele seria algo tão bizarro quanto fazer uma oposição pessoal às cirurgias cardíacas. Mas, se as crianças no útero são seres humanos como você e eu, então a oposição pessoal ao aborto não basta. Se nos importamos com a justiça e com a igualdade, precisamos mudar a mentalidade das pessoas, para que as vidas de crianças não nascidas possam ser protegidas por lei.

ESPERANÇA PARA QUEM FEZ UM ABORTO

A Igreja ensina que a misericórdia e a graça de Deus nunca estão distantes do homem ou da mulher que se arrependam por ter se envolvido com a prática de um aborto. Em sua encíclica O Evangelho da Vida, o Papa São João Paulo II escreveu a seguinte mensagem às mulheres que fizeram aborto:

> Não vos deixeis cair no desânimo, nem percais a esperança. Sabei, antes, compreender o que se verificou e interpretai-o em toda a sua verdade. Se não o fizestes ainda, abri-vos com humildade e confiança ao arrependimento: o Pai de toda a misericórdia espera-vos para vos oferecer o seu perdão e a sua paz no sacramento da Reconciliação. A este mesmo Pai e à sua misericórdia, podeis com esperança confiar o vosso menino. Ajudadas pelo conselho e pela solidariedade de pessoas amigas e competentes, podereis contar-vos, com o vosso doloroso testemunho, entre os mais eloquentes defensores do direito de todos à vida[159].

O que nos torna humanos?

Se o feto ou criança não nascida está crescendo, então só pode ser uma criatura viva. Se o feto tem pais humanos e DNA humano, então só pode ser um humano. O feto humano não é também apenas uma parte do corpo, como as células da pele, do esperma ou os óvulos. É um ser humano completo, que precisa apenas de tempo, de nutrientes e do ambiente propício para que se desenvolva plenamente (da mesma forma que eu e você precisamos nos desenvolver plenamente).

O exemplar da literatura médica padrão *Embriologia e teratologia humana* afirma que a "fertilização [também chamada de concepção] é um marco fundamental, uma vez que, sob as circunstâncias habituais, um novo organismo humano geneticamente distinto se forma"[160].

DEFININDO A VIDA

- **Embrião**: termo grego que significa "que está em desenvolvimento"; o ser humano desde o momento da concepção até a oitava semana de vida.

- **Feto**: termo em latim que significa "o jovem"; o ser humano entre a oitava semana de vida e o nascimento.

Há quem diga que, mesmo fazendo parte da espécie humana, o feto não é uma "pessoa", ou não é "totalmente humano". Mas o que é uma "pessoa"? O que nos torna "totalmente humanos"?

Se a capacidade de pensar ou sentir faz de alguém uma pessoa, então os recém-nascidos e humanos que nascem com determinadas deficiências não vão passar nesse teste. No momento que nascem, os bebês não são capazes de pensar ou sentir mais do que criaturas não humanas como as vacas ou os ratos, mas nós os tratamos melhor do que tratamos esses animais, porque esses bebês, biologicamente, são humanos. Como a ciência prova que crianças não nascidas também pertencem à espécie humana, isso quer dizer que devemos valorizar essas crianças, do mesmo modo que valorizamos os recém-nascidos, e protegê-las de ser mortas por meio do aborto.

Outras pessoas afirmam que as crianças no útero só são viáveis após o nascimento e que, portanto, elas não são pessoas, porque precisam do corpo da mãe para se manter vivas. Mas o que nos dá o direito de tirar um ser humano de um ambiente onde ele é capaz de sobreviver e lançá-lo em um ambiente onde ele não é capaz de sobreviver? Imagine se um grupo de marcianos resolve nos teletransportar para o planeta deles, onde morreremos sufocados devido à falta de oxigênio. Essa ação seria justificável pela ideia de que terráqueos não são "viáveis" em Marte? Claro que não! Da mesma maneira, humanos não nascidos têm o direito de viver no ambiente que foi designado para dar suporte às suas vidas: o útero materno.

É nesse ponto que algumas pessoas argumentam: "Certo, é um bebê. Mas eu tenho o direito de fazer o que quiser com o meu corpo"[161]. Se isso fosse verdade, os médicos também não poderiam negar às grávidas medicamentos como a talidomida, que, embora seja eficaz para reduzir os enjoos, também pode fazer com que os bebês nasçam sem os braços ou sem as pernas. Ou, ainda mais absurdo do que isso, não haveria nada de errado em tirar um prematuro saudável da incubadora do hospital, reinseri-lo no útero materno e então matá-lo, já que a mulher pode fazer "qualquer coisa" com seu próprio corpo.

É verdade que nós temos o direito de controlar nossos corpos, mas isso não nos dá o direito de usá-los para prejudicar outros seres humanos inocentes. Isso é especialmente verdadeiro no caso dos pequenos seres humanos não nascidos que um homem e uma mulher ajudaram a criar. Se nós esperamos que os pais sejam responsáveis e que paguem pelo sustento dos filhos que geraram, por que não esperar que as mães sejam igualmente responsáveis por essas crianças? Elas não deveriam "prover sustento" por meio dos seus corpos, aparelhados naturalmente para sustentar essas crianças?

Fábricas de bebês?

Embora a Igreja apoie tecnologias que ajudem pais a conceber naturalmente seus filhos, ela é contrária à fertilização *in vitro,* ou FIV. Esse procedimento consiste na união em laboratório do esperma ao óvulo e na posterior implantação do embrião assim criado no corpo de uma mulher. Às vezes, essa mulher é a mãe da criança, mas em muitos casos se trata de uma desconhecida, que funciona como útero "de aluguel" para o bebê.

E NOS CASOS DE ESTUPRO?

Nunca é culpa de uma mulher o fato de ter sido estuprada, e ela jamais deveria ser punida por causa do que lhe aconteceu. Infelizmente, na nossa cultura às vezes tendemos a culpar as mulheres por crimes cometidos contra elas, e há outras culturas nas quais as mulheres são executadas quando engravidam em decorrência de um estupro. Esse é um ato de barbárie e está errado; nenhuma pessoa inocente deve sofrer pelos crimes de outra pessoa.

Mas e quanto à criança concebida nesse estupro? Ela é tão inocente quanto sua mãe, e ainda assim nós dizemos que está tudo bem que sofra pelos crimes de outra pessoa. Em vez disso, por que não podemos tratar de fornecer cuidados que não envolvam violência nem julgamento às vítimas do estupro e punir apenas aqueles que foram os responsáveis por cometer esse ato de violência?

A Igreja se opõe à FIV porque as crianças têm o direito de ser concebidas e de crescer no útero das suas mães. Elas não devem ser fabricadas em laboratório por técnicos que as tratam como um produto. Além disso, o processo geralmente resulta em mais de um embrião, o que significa que a criança mais saudável tem a oportunidade de viver, enquanto os seus irmãos são eliminados.

Para alguns, é difícil compreender o que há de tão errado em matar embriões, porque essas pessoas imaginam que os seres humanos são construídos no útero da mesma forma que um carro na linha de montagem. Se nós não podemos dizer que o carro existe quando o primeiro parafuso e a primeira arruela são conectados, como podemos afirmar que o ser humano existe quando as primeiras células se unem? Acontece que essa analogia não se aplica, porque os seres humanos não são objetos construídos; eles são pessoas em desenvolvimento. Vejamos um exemplo do jurista Richard Stith que ilustra essa diferença[162].

No século XX, as câmeras Polaroid imprimiam as fotografias num papel que ficava armazenado na própria câmera. No instante em que o papel saía da ranhura, logo após o disparador da câmera ser acionado, a imagem parecia uma mancha amarronzada. Depois de alguns minutos, ela começava a aparecer no papel, até se revelar totalmente.

> Tudo o que era a imagem do Monstro do Lago Ness estava ali naquela foto, da mesma forma que tudo o que é um novo ser humano está presente nos pequenos embriões.

Agora, imagine que você está a bordo de um barco no famoso lago da Escócia e que fez uma foto Polaroid do Monstro do Lago Ness. Você vai mostrá-la para o seu amigo, que imediatamente a joga na água, dizendo:

– Pena que saiu só essa mancha marrom, e não o Monstro do Lago.

Como você reagiria à atitude do seu amigo? Provavelmente teria ficado furioso e gritado:

– Não! A foto era do Monstro do Lago Ness, você não esperou o tempo necessário para ser revelada e poder reconhecer a imagem, e agora ela está perdida para sempre![163]

Da mesma forma, o embrião ou feto abortado era um ser humano vivo que simplesmente não teve tempo de se desenvolver até um estágio reconhecível como o de um bebê*. Destruir um embrião humano ou um feto não encerra a vida de uma pessoa em potencial; esse ato encerra a vida de uma pessoa com grande potencial.

---

* Vale comentar que, em inglês, o verbo "desenvolver(-se)", usado no caso do bebê, e o "revelar", da foto Polaroid, são a mesma palavra: "to develop" (N.T.).

Essas pessoinhas, que estão numa etapa da vida pela qual todos nós passamos, são dotadas da mesma dignidade que existe em todo ser humano, desde a concepção até sua morte natural. Essa dignidade merece ser reconhecida e respeitada perante a lei, e é por isso que a Igreja luta pelo direito à vida de todos os seres humanos, em especial dos mais fracos e vulneráveis.

Por que acreditamos: proteger a vida

- Os católicos não impõem a sua moralidade, mas propõem princípios morais que tratam todos os seres humanos com dignidade e respeito.

- Embriões e fetos humanos são, biologicamente, seres humanos. Não existem diferenças moralmente relevantes entre humanos nascidos e não nascidos.

- Os não nascidos não são pessoas em potencial, mas pessoas com grande potencial que são mortas injustamente quando abortadas.

O ABORTISTA QUE MUDOU DE IDEIA

Dr. Bernard Nathanson foi um médico que supervisionou mais de 60 mil abortos, e chegou a fazer o aborto até mesmo do seu próprio filho[164]. Em 1969, Nathanson foi um dos fundadores da NARAL, organização dedicada a reverter leis de proibição do aborto. Entretanto, na década de 1980, esse médico teve contato com evidências impressionantes em imagens de ultrassom e fotografia fetal que demonstravam como o aborto destrói as vidas de pequenos seres humanos.

Ele mais tarde se filiou ao movimento pró-vida e admitiu ter, juntamente com outros defensores do aborto, mentido a respeito do número de mulheres mortas em decorrência de abortos ilegais para pressionar mudanças na legislação. Bernard escreveu: "Sempre eram 'entre 5 mil e 10 mil mortes anuais'. Eu devo confessar que sabia que esses números eram totalmente falsos, e imagino que os outros também saberiam se parassem para pensar no assunto. Mas, no 'escopo moral' da nossa revolução, esses eram números úteis"[165].

Nathanson foi criado no judaísmo, mas em 1996 converteu-se ao catolicismo. Ele declarou: "Eu me sinto confiante com relação ao futuro, seja ele como for, porque devotei minha vida a Cristo. Eu não detenho mais o controle e não quero deter. Eu meti os pés pelas mãos quando costumava tê-lo; ninguém poderia ter se saído pior do que eu. Agora estou nas mãos de Deus"[166].

O cartão distribuído como lembrança às pessoas presentes à sua cerimônia de batismo tinha uma citação da Bíblia: "Deus, que é rico em misericórdia (Efésios 2, 4).

O Dr. Nathanson faleceu em 21 de fevereiro de 2011.

POR QUE VALORIZAMOS A NOSSA SEXUALIDADE

Há alguns anos, num programa de TV chamado *The Pickup Artist*, homens sem muito traquejo social eram treinados na "arte" de seduzir mulheres para depois competir entre si. Todas as semanas os sujeitos saíam, seguidos por câmeras escondidas, e aquele que conseguisse "ganhar" mais mulheres era o vencedor do desafio da vez. Na época, houve um dia em que um amigo me ligou dizendo que eu precisava assistir ao episódio mais recente.

– Por que eu assistiria a uma bobagem dessas? – perguntei.

– Porque a sua irmã aparece nesse episódio!

Então eu liguei a televisão e lá estava um cara todo esquisito, usando um chapéu de caubói enorme e tentando levar minha irmã na conversa. Eu gritei:

– Não faça isso, mana! Não dê seu número de telefone pra esse traste!

Mas foi exatamente o que ela fez.

Obsessão por sexo?

Há muita gente que acha que a Igreja Católica é obcecada por sexo, ou que ensina que o sexo é uma coisa suja. Mas, como programas como esse *The Pickup Artist* demonstram, a obsessão por sexo é uma coisa da nossa cultura. Basta pensar nas capas de revista em qualquer banca prometendo "874 dicas para ter uma ótima transa!"; ou no fato de que 70% dos programas de televisão trazem algum conteúdo sexual[167]. A Igreja só passa essa impressão de ser obcecada por sexo porque precisa interagir com uma cultura que está o tempo todo falando desse assunto. O Papa São João Paulo II chegou até mesmo a ensinar que os homens têm a obrigação moral de ajudar suas esposas a vivenciar orgasmos, para que o sexo entre o casal possa ser uma união verdadeiramente íntima.

Quando as pessoas me perguntam por que a Igreja ensina que o sexo fora do casamento é errado, eu nunca digo que é porque o sexo é algo ruim ou capaz de deixar a pessoa "impura". Eu digo, em vez disso, que o motivo é que mentir é errado, e Deus quer que nós exercitemos a honestidade sexual[168].

PALAVRAS DO PAPA SOBRE O CONTENTAMENTO SEXUAL MÚTUO

"Mas o que um velho celibatário em Roma pode saber sobre sexo, afinal de contas?" Na verdade, muita coisa! Depois que havia passado vários anos aconselhando casais na paróquia onde atuava, o futuro Papa São João Paulo II escreveu um livro intitulado Amor e responsabilidade. No capítulo sobre "sexologia", ele escreve que "é necessário reforçar que a relação sexual não pode servir meramente como um caminho para que a excitação sexual evolua até o clímax para apenas um dos parceiros, ou seja, apenas para o homem, mas para que esse clímax seja alcançado harmonicamente, não em detrimento de um dos parceiros, e sim com o pleno envolvimento de ambos"[169].

O significado do sexo

No século II depois de Cristo, o filósofo romano e imperador Marco Aurélio descreveu o sexo como "a fricção de dois pedaços de entranhas seguida pela secreção espasmódica de um pouco de gosma"[170]. Uns 1.800 anos mais tarde, o filósofo Peter Singer não se saiu tão melhor do que isso. Em seu livro *Ética prática*, Singer afirma que a moralidade do sexo não é diferente da moralidade de guiar um carro, já que, nos dois casos, só o que importa é manter a "segurança". Ele chega até a dizer: "As questões morais levantadas pelo ato de dirigir um carro [...] são bem mais sérias do que aquelas suscitadas pela prática do sexo seguro"[171].

Mas quase todo mundo sabe que o sexo é algo mais importante do que dirigir e que ele não se resume a uma atividade meramente recreativa, como ir ao cinema.

Se eu relatasse que assisti a quinhentos filmes ao longo de um período relativamente curto da minha vida adulta, provavelmente ninguém acharia nada de mais sobre isso. Por outro lado, se alguém afirmar que teve intimidade sexual com quinhentas pessoas, isso provavelmente vai chocar a maior parte dos seus interlocutores. Mas, se fazer sexo não é em nada mais especial do que dirigir, por que um comportamento assim nos parece chocante? Afinal de contas, se ninguém se choca ao saber de um motorista de Uber que já dirigiu para milhares de pessoas, por que um indivíduo ter ido para a cama com um número semelhante de parceiros ou parceiras sexuais é algo que nos choca?

Podemos considerar, também, o fato de que uma das piores coisas que alguém pode fazer estando num relacionamento romântico é a "traição", ou seja, ter intimidade sexual com outra pessoa que não o seu parceiro ou parceira. A maior parte de nós se sentiria traída se o cônjuge só *pedisse* para flertar "sem maiores consequências" com outro ou outra. E por que isso acontece? A única explicação possível é que o sexo jamais pode ser algo *objetivamente* "sem maiores consequências". Em vez disso, o ato sexual é dotado de um significado sagrado e imutável expresso por meio da linguagem corporal.

Um aperto de mãos, por exemplo, diz: "Prazer em conhecer você". Um abraço diz: "Eu estou aqui para te apoiar". Mas qual é o ato corporal que diz: "Eu me entrego totalmente a você, quero me tornar um só com você e que fiquemos juntos pelo resto da vida"? Faz sentido pensar que uma ideia tão poderosa quanto a entrega permanente, fiel e completa de si mesmo a outra pessoa só pudesse ser expressa fisicamente por meio da forma mais poderosa que existe de unir dois indivíduos – a relação sexual.

O QUE HÁ DE ERRADO COM A PORNOGRAFIA?

A posição da Igreja sobre a pornografia é resumida da melhor maneira por uma citação atribuída ao Papa São João Paulo II: "A pornografia não está errada porque mostra coisas demais, ela está errada porque mostra coisas de menos". A pornografia reduz as pessoas a objetos destinados unicamente a satisfazer os desejos de um consumidor. Ela também treina o cérebro dos seus usuários para que se sintam excitados com inovações sexuais e com o exercício de poder sobre os corpos das outras pessoas. Esse tipo de mentalidade, no entanto, é desastroso dentro do casamento, em que o contentamento vem de ser um presente de si mesmo para uma única pessoa, insubstituível.

Se você ou algum conhecido seu está tendo problemas com a pornografia, saiba que Deus os ama e quer vê-los livres desse pecado, e que há medidas que podem ser tomadas para conseguir isso. Além de procurar por Deus no sacramento da confissão, eu recomendaria uma busca on-line por programas católicos de "reeducação cerebral". Esses métodos incluem exercícios que "reorganizam" o cérebro para encontrar prazer no contentamento sexual autêntico, e não nas falsas promessas da indústria da pornografia.

Uma só carne

A Bíblia nos diz que quando Deus criou Adão e Eva eles "estavam nus, e não se envergonhavam" (Gênesis 2, 25). Deus não quer que nós tenhamos vergonha do corpo que nos deu nem do prazer que vem da união desse corpo ao do nosso cônjuge. Ele poderia ter nos criado para que nos reproduzíssemos sem ter relações sexuais, mas determinou especificamente que marido e mulher se tornassem "uma só carne" (Gênesis 2, 24; Mateus 19, 6).

E o que isso quer dizer?

Pense numa pessoa que recebeu um transplante de coração. Mesmo tendo um DNA diferente, esse coração se tornará literalmente parte do corpo da pessoa transplantada. O novo coração e o corpo "tornam-se um só", porque cada um contribui para algo maior do que eles mesmos (nesse caso do transplante, para manter a pessoa viva)[172].

Da mesma maneira, quando um homem e uma mulher fazem sexo, os aparelhos reprodutores de cada um, incompletos quando isolados, se completam, contribuindo para algo maior do que eles. Os corpos de cada membro do casal se tornam um só corpo porque a cada ato sexual eles se direcionam para a criação de uma nova vida humana.

NOSSOS CORPOS COMO TEMPLOS DO ESPÍRITO SANTO

"Não sabeis que o que se ajunta a uma prostituta se torna um só corpo com ela? Está escrito: 'Os dois serão uma só carne [...]' Ou não sabeis que o vosso corpo é templo do Espírito Santo, que habita em vós, o qual recebestes de Deus e que, por isso mesmo, já não vos pertenceis? Porque fostes comprados por um grande preço. Glorificai, pois, a Deus no vosso corpo" (1 Coríntios 6, 16, 19-20).

Não é todo ato sexual que resultará em uma criança, mas cada ato é uma expressão corporal daquilo que o casal já expressou verbalmente com seus votos matrimoniais: eu me entrego completamente a você, e apenas a você, "até que a morte nos separe". Inclusive, tradicionalmente o sexo é chamado de *ato conjugal* porque cada ato sexual é uma comunicação de amor conjugal à outra pessoa.

Isso explica por que a traição leva tanta gente a encerrar o relacionamento: por meio de seus corpos, os parceiros infiéis não apenas "secretaram gosma" com outra pessoa. Quer isso tenha sido feito intencionalmente, quer não, eles usaram seus corpos para comunicar a forma mais sagrada que pode existir de amor e compromisso a outra pessoa.

Mesmo que os membros de um casal pratiquem consensualmente o sexo fora do casamento, os seus corpos ainda estarão mentindo um para o outro. Uma pessoa solteira pode dizer quantas vezes quiser "eu te amo para sempre", e mesmo assim estará livre para deixar o relacionamento para trás. É como eu disse a um grupo de casais a quem estava prestando aconselhamento há um tempo: "Ninguém precisa de divórcio para romper um noivado". Essa liberdade, no entanto, desaparece depois que a pessoa faz a mesma promessa de amor *publicamente* diante da sua comunidade, da Igreja, do Estado e perante a Deus.

Depois do matrimônio, a união sexual do casal expressa a realidade palpável do laço vitalício de fidelidade que os une. E pode ser até que eles sejam abençoados com o sinal mais óbvio de que o sexo se direciona para a união permanente em uma só carne: uma criança, que em geral viverá mais tempo que o amor de seus pais e será uma testemunha dele para todo o mundo.

QUÃO LONGE É LONGE DEMAIS?

Mesmo que não haja relação sexual envolvida, outros comportamentos como estimulação genital ou mesmo carícias mais ousadas são apropriados apenas dentro do casamento, porque excitam o corpo a ponto de torná-lo pronto para o sexo.

Praticar esses comportamentos enquanto se abstém do sexo é como conduzir um carro por uma avenida e pisar no freio assim que ele chegar à autoestrada. Quando exercidos em caráter extraconjugal, eles se transformam em uma outra forma de desonestidade sexual, e quanto mais essas desonestidades são cometidas, mais difícil fica dar essa "pisada no freio" tão pouco natural, a fim de impedir que comportamentos assim cumpram seu propósito de levar à relação sexual.

Portanto, a questão que se deve fazer não é "Até onde eu posso ir?", mas sim: "O que posso fazer para proteger a pessoa que amo?"

Por outro lado, quando um casal que não é unido pelo casamento concebe uma criança, as duas partes precisam encarar a dura realidade de que, gostando ou não, estarão ligadas para sempre, não só uma à outra (mesmo que seja só algo como "o/a ex com quem eu tive um filho"), mas também a uma terceira pessoa. E, infelizmente para essa pessoa – a criança –, estudos recentes demonstraram que casais não casados que têm filhos estão muito mais propensos a terminar o relacionamento ou a se divorciar depois do casamento do que casais que têm filhos dentro de um casamento[173].

O temor e a perfeição no amor

Em 1 João 4, 18, lemos que "no amor não há temor. Antes, o perfeito amor lança fora o temor". É por isso que eu nunca vou me arrepender de ter esperado para fazer sexo depois do casamento. Quando minha esposa e eu nos unimos pela primeira vez, não havia medo de doenças, medo de uma gravidez não planejada, medo de que eu fosse abandoná-la caso ela não atendesse minhas necessidades sexuais e medo do que as outras pessoas pudessem pensar de nós. No lugar de tudo isso, havia simplesmente a alegria de saber que não apenas nós tínhamos *permissão* para nos entregar livremente um ao outro, mas que era exatamente isso que Deus *queria* que fizéssemos, agora que havíamos nos tornado marido e mulher.

O plano de Deus para o sexo jamais incluiu vergonha, doença, mentiras, corações partidos, crianças abandonadas ou abortos. Os seres humanos introduziram esses elementos no sexo através do pecado da desonestidade sexual. Caso você ou a sua pessoa amada já tenham tido relações sexuais, eu espero que encontrem a cura e a paz por meio do sacramento da confissão e que assumam um novo compromisso de praticar a honestidade sexual.

Não importa qual tenha sido a sua experiência, Deus ama você e quer que seja feliz reservando a intimidade sexual para o casamento. Dessa maneira, caso você receba o chamado para ter uma vida conjugal, a sua intimidade sexual não será assombrada pela vergonha, mas será um evento no qual sempre será possível dizer à pessoa amada: "Eu me entrego inteiramente a você, e apenas a você, pelo tempo que durarem as nossas vidas".

E quanto à homossexualidade?

Certa vez, eu estava a caminho do Balboa Park, em San Diego, para praticar minha corrida diária, quando me deparei com a passagem da marcha anual do orgulho gay na cidade. Eu decidi então abordar as pessoas para perguntar o que achavam dos protestos dos manifestantes cristãos contrários ao evento, e acabei tendo uma conversa com três pessoas que se identificaram como homens gays. Um deles indagou:

– Mas então, o que a Igreja Católica diz sobre o fato de eu ser gay?

E minha resposta foi:

– A Igreja faz uma distinção entre o que alguém deseja e as ações dessa pessoa. Nós não temos controle sobre nossos desejos, e por isso eles não deveriam ser uma peça central do que construímos como identidade. Não se pode dizer que uma pessoa está em pecado só porque tem determinados desejos, porque, como eu disse, eles não são controláveis. Eu não diria, portanto, que sou heterossexual ou que você é gay, mas que nós dois somos homens feitos à imagem e semelhança de Deus com desejos diferentes no que diz respeito à intimidade sexual.

Os três assentiram, e eu continuei:

– Os nossos desejos não nos definem, mas nós seremos responsabilizados pela maneira como agimos com relação a eles. Um marido pode desejar outras mulheres que não sejam a sua esposa, mas isso não quer dizer que ele deva realizar esse desejo. A Igreja ensina que não devemos usar o sexo para algo que não é a sua função, o que quer dizer que é errado que qualquer pessoa tenha práticas sexuais com pessoas do mesmo sexo – mesmo que ela se identifique como heterossexual.

Os homens ergueram as sobrancelhas diante do caráter inesperado do que estavam ouvindo, e eu fui adiante:

– Por exemplo, se um sujeito hétero está na prisão há muito tempo e quer um pouco de alívio sexual, pode ser que ele faça sexo com outro homem, mesmo não sendo gay. Isso seria errado, entretanto, porque o sexo não existe para satisfazer os nossos impulsos. No meu ponto de vista, a maior questão que devo me fazer ao pensar em questões complicadas como a atração pelo mesmo sexo é: qual é a finalidade do sexo?

Para minha surpresa, um dos meus jovens interlocutores interveio:

– Procriação?

Os meus olhos se iluminaram.

– Exato! Você pode amar qualquer pessoa sem fazer sexo com ele ou com ela, mas para mim faz sentido pensar que o sexo não é a expressão de qualquer tipo de amor. Em vez disso, ele é a expressão do amor que só existe entre o homem e a mulher, e que alcança a sua plenitude com a criação de uma nova vida humana.

Em vez de se sentirem ofendidos, os três jovens refletiram sobre o que eu havia dito e pareceram apreciar o bom senso das minhas palavras, além do fato de que eu não havia simplesmente citado a Bíblia e dado o assunto por encerrado. Antes de encerrarmos nossa interação, eu passei a eles o endereço do site de um grupo católico chamado Courage, ou coragem (www.courage.org).

O Courage não tenta mudar a orientação sexual das pessoas. Em vez disso, seus membros ajudam indivíduos que se sentem atraídos por membros do mesmo sexo a compreender o plano que Deus tem para eles como pessoas como um todo, o que inclui a sua sexualidade. Eles chegaram até a produzir um documentário chamado *Desire of the Everlasting Hills,* sobre pessoas atraídas pelo mesmo sexo que retornaram para a Igreja Católica. Ele está disponível gratuitamente na internet, no endereço https://everlastinghills.org.

Por que acreditamos: honestidade sexual

- A Igreja Católica não ensina que o sexo é ruim ou sujo, mas que é um presente muito bom que nos foi dado por Deus.

- O sexo expressa através do corpo a linguagem do compromisso conjugal, ao tornar o casal "uma só carne". Atos sexuais praticados fora desse contexto, incluindo sexo oral e masturbação, sempre envolverão uma mentira, porque o corpo estará expressando amor conjugal fora dos laços do matrimônio.

- O plano de Deus para o sexo e o casamento não visa nos envergonhar, mas sim nos livrar da vergonha e nos garantir paz e contentamento nos nossos relacionamentos mais íntimos.

POR QUE DEFENDEMOS O CASAMENTO

Há alguns anos, eu estava pesquisando o tema casamento e deparei com um trecho do programa de televisão *Vila Sésamo* que trazia uma conversa entre um garotinho chamado Jessie e o personagem Grover. Tudo começa com Grover perguntando a Jessie: "Você sabe o que é casamento?", e o diálogo continua assim:

Jessie: Casamento é quando duas pessoas se casam?

Grover: Isso. Muito bem. Isso é o casamento. E o que elas fazem quando se casam?

Jessie: Se beijam.

Grover: Elas se beijam, isso. E fazem o que mais, quando estão casadas?

Jessie: Se abraçam.

Grover: Muito bem, muito bem. Mais alguma coisa?

Jessie: Não.

Grover: É só isso?

Jessie: É.

Grover: E elas também são amigas?

Jessie: São.

Grover: Então já tem muita coisa no casamento, não tem? Beijos, abraços, amizade, um ajudando o outro, essas coisas todas. Pois é, acho que casamento é isso mesmo.

Mas isso não é tudo que há num casamento. Por que Grover não falou nada sobre a promessa de "amar e respeitar", na "alegria e na tristeza, na saúde e na doença", até que "a morte nos separe"? Por que não há nenhuma menção a criar filhos ou formar uma família? Essa descrição da *Vila Sésamo* não corresponde a um casamento, mas a coabitação.

Em vez disso, a Igreja Católica define o casamento como "a aliança matrimonial por meio da qual um homem e uma mulher estabelecem uma parceria um com o outro por toda a vida, voltada em sua natureza para promover o bem dos cônjuges, a procriação e a educação da sua prole"[174].

Eu sei que essa não é uma definição muito romântica, mas em sua essência ela mostra que o casamento não é apenas um *contrato* legal. Mais que isso, o matrimônio católico é uma *aliança*, ou um pacto sagrado de lealdade entre duas pessoas. Quando se casam, o homem e a mulher não dão apenas o seu consentimento legal; eles se entregam completamente um para o outro, para o seu próprio bem e para o bem dos filhos que possam vir a ter.

É por isso que, mesmo diante de uma tremenda oposição do resto do mundo e até mesmo de outras denominações cristãs, a Igreja Católica defende o plano de Deus de que o matrimônio seja *definitivo* e *aberto à vida.*

"Até que a morte nos separe"

Em 1969, o então governador da Califórnia, Ronald Reagan, sancionou a primeira lei do estado permitindo o chamado divórcio sem causa. Em vez de ser preciso provar que um dos cônjuges havia cometido um erro, como adultério ou abuso, tornou-se possível terminar um casamento simplesmente por conta de "diferenças irreconciliáveis". Mas quais foram as consequências dessa redefinição do conceito de casamento?

Depois de ter chegado a um ápice na década de 1980, o número de divórcios acabou voltando ao mesmo patamar de antes da aprovação da lei. Mas isso só aconteceu porque há cada vez mais pessoas escolhendo não se casar – 11% a mais, para termos o número exato[175], o que não quer dizer que haja menos pessoas praticando o ato conjugal.

Em 1963, apenas 7% das crianças nasciam fora do casamento. Hoje, esse número subiu para 40%, e em certas comunidades socioeconômicas ele chega a 71%[176]. Em média, uma a cada quatro crianças nos Estados Unidos vive separada do seu pai biológico[177]. Pesquisas constataram que filhos de pais divorciados ou não casados são mais propensos a viver na pobreza e a ser vítimas de abuso quando comparados com os filhos de casamentos estáveis.

O MELHOR PRESENTE PARA UMA CRIANÇA

O Child Trends, um grupo de pesquisas apartidário que tem estudado a instituição da família nas últimas quatro décadas, afirma que crianças vivendo com pais casados apresentam, "de forma geral, melhores indicadores de saúde, melhor acesso aos serviços de saúde e menor índice de problemas emocionais ou comportamentais em relação a crianças em outros arranjos familiares"[178]. Por outro lado, crianças cujos pais vivem juntos sem ser casados estão expostas a um risco quatro vezes maior de sofrer abuso[179]. O melhor presente que podemos dar a uma criança não é um brinquedo ou o jogo da moda; é um casal de pais que sejam casados e estejam dispostos a resolver suas divergências de maneira saudável.

Além das evidências demonstradas pelas ciências sociais das benesses do casamento vitalício, a Bíblia revela que o plano de Deus para o matrimônio sempre envolveu a ideia da permanência. Jesus nos disse que, quando um homem e uma mulher se casam, "os dois não serão senão uma só carne. Assim, já não são dois, mas uma só carne. Não separe, pois, o homem o que Deus uniu" (Marcos 10, 8-9). E, para reforçar ainda mais o seu ponto, acrescentou: "Quem repudia sua mulher e se casa com outra, comete adultério contra a primeira. E se a mulher repudia o marido e se casa com outro, comete adultério" (Marcos 10, 11-12)[180].

A Igreja Católica permite a separação legal ou até mesmo o divórcio civil em caso de circunstâncias específicas, como o abuso conjugal[181]. Entretanto, se os dois membros do casal forem batizados no cristianismo, nesse caso, seguindo os ensinamentos de Jesus, eles continuarão legitimamente casados e proibidos pela Igreja de se unir a outras pessoas. Mesmo que o matrimônio tenha se desfeito por causa de infidelidade ou abuso, o pecado não tem poder para desfazer a união selada por Deus. A graça divina, no entanto, pode superar o pecado.

É ela que dá aos cônjuges divorciados a força para suportar os crimes cometidos contra eles, e é também o que dá aos cônjuges cujos casamentos estão em crise a humildade para que busquem ajuda espiritual e profissional. O casamento pode não ser fácil, mas, como disse São Paulo, "Tudo posso naquele [Cristo] que me conforta" (Filipenses 4, 13).

Divórcio e anulações

A essa altura, muita gente pode estar dizendo: "Eu conheço um monte de divorciados que voltaram a se casar na Igreja. Eles só tiveram que pedir a anulação dos votos!". Acontece que a anulação não é uma versão católica do divórcio.

Diferentemente do divórcio, que tenta dissolver um matrimônio válido, a anulação reconhece que nunca existiu um matrimônio válido, para começo de conversa. Pode ser que o casal *aparentemente* tenha se casado no dia da cerimônia que os uniu, mas algum elemento essencial ao casamento nunca existiu entre eles, numa lista que talvez inclua:

1. A compreensão do que é o matrimônio: não se pode dizer um "sim" considerado válido, a menos que a pessoa compreenda em que esse "sim" implica. Se a pessoa tenta impor condições ao casamento ("Eu vou continuar casado(a) desde que a gente viva perto da minha família") ou se não compreende que se comprometeu a estar numa união monogâmica e definitiva que estará aberta à criação da vida, esse matrimônio poderá então ser invalidado, ou nunca ter acontecido de fato, sendo, portanto, declarado como "nulo" (daí o termo "anulação").

2. O consentimento ao matrimônio: se uma pessoa for coagida a se casar ou estiver fazendo isso para agradar a terceiros, o matrimônio não terá sido uma união por vontade própria e poderá, por isso, ser anulado. O jovem que se casa com a namorada grávida por medo da família dela (o chamado "casamento às pressas" ou "casamento forçado") seria um exemplo dessa coerção. Mas a presença de uma disfunção psicológica ou mesmo o fato de um dos noivos estar bêbado na ocasião da cerimônia podem ser argumentos igualmente válidos para uma anulação, já que impedem que a pessoa diga o "sim" por vontade própria.

3. A aptidão para contrair o matrimônio: se uma pessoa já estiver em um casamento válido, estiver abaixo da idade de consentimento ou tiver laços de parentesco – consanguíneos ou por adoção – com o futuro cônjuge (entre outras circunstâncias), pode ser que ela não esteja apta a assumir o compromisso que o matrimônio requer, fazendo com que qualquer futuro casamento seja declarado inválido caso essas circunstâncias – chamadas pela Igreja de impedimentos – sejam mantidas.

POR QUE EU PRECISO ME CASAR NA IGREJA?

Da mesma forma que um casamento civil não é válido a menos que seja realizado na presença de um representante do Estado (um juiz de paz ou celebrante qualificado) e de acordo com a legislação local, o casamento católico só será válido se acontecer na presença da Igreja e de acordo com as leis da Igreja.

Via de regra, os casamentos devem ser celebrados em uma Igreja Católica (a menos que o bispo autorize uma exceção), porque o matrimônio é uma das responsabilidades mais sagradas que a pessoa deverá assumir na vida, por isso precisa ser iniciado em um local sagrado. A Igreja também quer garantir que os membros do casal compreendam verdadeiramente os votos de permanência, monogamia e abertura à vida com que estão se comprometendo, e é por isso que em geral não permite celebrações em igrejas de outras denominações religiosas ou em lugares laicos que não partilhem as mesmas visões sobre o matrimônio.

Um católico que se case fora da Igreja estará em um casamento inválido (incorrendo, portanto, no pecado de ter relações sexuais fora do matrimônio). Essa situação pode ser resolvida, no entanto, com um pedido para que o casamento existente seja convalidado, ou seja, reconhecido oficialmente pela Igreja.

"Primeiro vem o amor, depois o casamento, depois..."

A Igreja não exige que os casais casados tenham filhos suficientes para formar a sua própria equipe de basquete. Ela também não diz a eles, como o governo da China faz com os cidadãos de seu país, qual é o número máximo permitido de crianças por família. O *Catecismo* afirma simplesmente que os pais devem demonstrar "a justa generosidade duma paternidade responsável" (CIC, parágrafo 2.368) e que não devem recorrer a meios imorais, como o aborto ou anticoncepcionais, no seu planejamento familiar.

A verdade é que muitos métodos anticoncepcionais populares, como o DIU ou mesmo algumas pílulas de hormônios sintéticos, podem matar crianças não nascidas, impedindo que se implantem no útero de suas mães como embriões. Mas, mesmo que o contraceptivo utilizado não tenha potencial de provocar um aborto (como as camisinhas, por exemplo), ainda assim recorrer a eles é errado, pois se trata de mais uma forma de desonestidade sexual.

Como nós já vimos, o ato sexual tem um significado conjugal intrínseco. Quando um casal não casado tem relações sexuais, eles estão incorrendo na expressão física de votos, como o de permanência, que são inexistentes, por isso o que comunicam com seus corpos é uma mentira. Um dos votos que a Igreja pede aos casais que façam na cerimônia do casamento é o de "aceitar com amor os filhos enviados por Deus". O casal não precisa tentar conceber uma criança cada vez que tiver um encontro íntimo; só o que precisam fazer é prometer não esterilizar diretamente a sua intimidade com o uso de contraceptivos.

Mas por que um casal não pode cumprir o voto de estar "aberto à vida" fazendo uso de contraceptivos apenas *ocasionalmente*?

> ## O QUE A BÍBLIA DIZ?
>
> Mesmo que se saiba que as camisinhas existem desde a época do Antigo Egito, o povo judeu acreditava que a fertilidade era um dom de Deus e, por isso, não incentivava o uso de contraceptivos. Na verdade, existe um único ato de contracepção registrado na Bíblia, na passagem em que Onã "macula-se por terra" quando se unia à mulher do irmão. Em Gênesis 38, 10, o texto diz que "seu comportamento desagradou ao Senhor, que o feriu de morte também"[182].

A resposta é: pelo mesmo motivo que eles não podem cumprir o voto de fidelidade ou monogamia tendo casos extraconjugais apenas "de vez em quando". Como vimos, para que o sexo seja a união em uma só carne, ele precisa ser uma *doação total de si mesmo* (em que nada, nem mesmo a fertilidade, deve ser negado) e precisa se direcionar para algo que está além dos sentimentos individuais do marido e da esposa. O sexo deve se direcionar para a criação de uma nova vida humana.

Mas, se isso é verdade, como é possível que os casais sigam os ensinamentos da Igreja e mesmo assim consigam fazer um planejamento familiar responsável? A resposta é o planejamento familiar natural, ou PFN.

Planejamento familiar de forma orgânica

Eu sempre me espanto com o fato de que pessoas que se preocupam em comprar alimentos orgânicos quando vão ao mercado não façam objeção ao uso de contraceptivos hormonais, que já foram classificados pela Associação Americana do Câncer como substâncias cancerígenas do Grupo 1 (que comprovadamente provocam câncer em seres humanos)[183]. É por isso que eu amo o fato de o PFN ser um método totalmente natural, sem látex e sem hormônios, para que eu e minha esposa (junto com milhões de outros casais) possamos espaçar o nascimento dos nossos filhos.

Enquanto de modo geral os homens continuam férteis até quase o momento da morte, a fertilidade feminina declina acentuadamente com o passar dos anos, e só se faz presente por um número determinado de dias a cada mês. O PFN se vale de tecnologias de monitoramento dos dias férteis, de modo que, se o casal desejar ter mais um filho, basta que eles tenham relações íntimas nessas datas. Se, por outro lado, um novo bebê não está nos planos por enquanto, eles só precisam escolher dias inférteis para ter relações.

O PFN requer que os dois parceiros trabalhem juntos para monitorar os dias férteis e decidir quando o sexo vai acontecer. E, para ser franco, esperar pelos dias inférteis pode ser algo difícil de fazer. Entretanto, nos poucos anos em que estou casado, já pude constatar que o exercício de paciência e comunicação exigido pelo PFN ajuda na resolução de conflitos e na melhoria da saúde conjugal. Talvez seja por isso que entre casais que utilizam o PFN a taxa de divórcio fica apenas entre 1% e 3%[184].

Mas o PFN não é simplesmente um método contraceptivo na versão católica? Tanto com os contraceptivos quanto com o PFN, o casal está fazendo algo para não ter um bebê. Mesmo parecendo ser a mesma coisa, na verdade eles não são equivalentes. Vou lhe dar uma analogia que explica a diferença e que mostra por que o PFN é uma prática moralmente correta e a contracepção não é.

Imagine que você está tentando marcar sua data de casamento e que ele vai acontecer bem na época em que os primos da sua noiva, todos em idade escolar, têm um jogo de futebol importante. Se você quer de verdade a presença deles na cerimônia, é melhor escolher uma data que caia na semana anterior à do jogo. Mas digamos que o seu orçamento esteja apertado e que a lista de convidados já chegou ao número-limite. Uma possibilidade é marcar a cerimônia coincidindo com a data do grande jogo e mandar o convite aos primos de todo modo, num sinal do seu apreço pelos laços afetivos que tem com eles. Se por acaso eles aparecerem, talvez seja um pouco estressante acomodar a todos, mas mesmo assim você ficará feliz com a sua presença.

Agora, vamos imaginar que você não quer ter que esperar mais uma semana e que não deseja *de jeito nenhum* que os tais primos compareçam ao casamento. Para garantir que eles não cheguem de surpresa, você lhes envia um "desconvite", que diz: "Por favor, não venham ao nosso casamento. Ninguém quer vocês aqui!"

Qual é a relação entre esses exemplos e o PFN?

Escolher a data que funciona melhor para os primos é como ter relações íntimas em um dia fértil: você estará criando as condições ideais para a vinda de uma criança. Resolver adiar a data da cerimônia em uma semana é como ter relações em um dia infértil: é muito provável que a criança não possa vir, mas, se por acaso ela vier, isso também será ótimo!

Enviar o "desconvite", no entanto, é como usar um método contraceptivo. Da mesma forma que se você dissesse aos seus primos: "Nós queremos *esse dia,* então tratem de não aparecer para não estragar a nossa festa!", usar um anticoncepcional passa aos seus filhos futuros (e a Deus, que é o responsável pela bênção de cada gravidez) esta mensagem: "Nós queremos ter prazer sexual *nesse momento específico,* então tratem de não aparecer para não estragar a nossa festa!" Mas os filhos não estragam o prazer sexual, eles são a culminação dele, então nós jamais devemos nos engajar numa atividade que passe a mensagem de que a criança com que Deus pode escolher nos abençoar não é bem-vinda.

Por que acreditamos: casamento

- O casamento não é um contrato legal entre dois adultos, mas uma aliança sagrada entre homem e mulher que, quando celebrada entre cristãos batizados, torna-se uma união indissolúvel.

- Um casal casado sempre renova os seus votos conjugais durante a intimidade sexual, incluindo o voto de "aceitar os filhos enviados amorosamente por Deus".

- Para espaçar de maneira responsável os nascimentos da prole, os casais são encorajados a recorrer a métodos como o planejamento familiar natural, que não é prejudicial a nenhum dos cônjuges e não contradiz o sentido sagrado do ato conjugal.

SANTOS CASADOS?

Em 2015, o Papa Francisco canonizou o primeiro casal de santos casados da idade moderna: Louis e Zelie Martin. O papa afirmou que os dois "praticavam o serviço cristão dentro da família, criando dia após dia um ambiente de fé e amor que nutriu as vocações de suas filhas, entre elas Santa Teresa de [Lisieux]"[185].

Não é incomum que o casamento se desgaste depois da morte de um filho, e o casal Martin passou pela perda de quatro crianças pequenas. Em vez de ceder ao desespero, eles seguiram vivendo como um modelo de santidade conjugal para os cinco rebentos sobreviventes. Seus dias se dividiam entre momentos de oração, jardinagem e descanso, boa parte deles na área rural onde Teresa herdou o amor do pai pelas flores e pela natureza.

Depois da morte da esposa, Louis enfrentou a solidão quando cada uma de suas cinco filhas decidiu entrar para o convento e abraçar a vida monástica. Ainda assim ele dizia: "É uma imensa honra para mim que o Bom Deus deseje levar todas as minhas filhas. Se eu tivesse qualquer coisa melhor, não hesitaria em também oferecer a ele"[186].

POR QUE ACREDITAMOS QUE EXISTE UM INFERNO

– O que o seu pessoal faz é abuso de crianças! Você devia ter vergonha! – gritou uma mulher na minha direção, quando eu estava pregando o evangelho num *campus* universitário.

Eu fiquei genuinamente confuso ao ouvir isso e, então, perguntei a ela:

– Ter vergonha do quê, exatamente?

Ao que a mulher disparou de volta:

– Do inferno! Dizer às crianças que elas podem ir para o inferno deixa as coitadas traumatizadas!

Eu tenho que admitir que até para mim a ideia é assustadora! É muito difícil imaginar a possibilidade de sofrer uma agonia que não seja temporária, mas eterna, vivendo para sempre no desespero e na dor sem fim. Mesmo assim, nós não podemos refutar o conceito do inferno só porque não gostamos dele. E, da mesma maneira que não é abuso de crianças alertá-las sobre o perigo de conversar com estranhos ou sobre o que vai lhes acontecer se forem correndo para o meio dos carros na rua, mesmo que sejam verdades assustadoras, também não é nenhum tipo de abuso alertar as crianças (ou os adultos) sobre os perigos do inferno – desde que esse lugar de fato exista.

QUEM ACREDITA EM CÉU E INFERNO?

Cinquenta e oito por cento dos americanos acreditam que há um inferno, e 72% creem que o céu existe. Mesmo entre pessoas que não se declaram religiosas, 36% acreditam no inferno e 50%, no céu[187].

Mas que inferno?

No Novo Testamento, o termo "inferno" em geral se refere ao destino final e eterno das almas condenadas[188]. Lemos no *Catecismo* que "Morrer em pecado mortal, sem arrependimento e sem dar acolhimento ao amor misericordioso de Deus, significa permanecer separado d'Ele para sempre, por nossa própria livre escolha. E é este estado de autoexclusão definitiva da comunhão com Deus e com os bem-aventurados que se designa pela palavra 'inferno'" (CIC, parágrafo 1.033).

Há nas Escrituras diversas imagens para descrever os horrores do inferno. Cristo referiu-se a ele como um lugar de fogo (Mateus 5, 22), de vermes que não morrem (Marcos 9, 48), de ranger de dentes (Mateus 13, 42) e das trevas exteriores (Mateus 22, 13). O evangelho de Mateus chega até a comparar o inferno a Geena (Mateus 23, 33), um local onde crianças eram sacrificadas na fogueira aos deuses pagãos[189]. Já que Jesus saiu caminhando do próprio túmulo, ele é uma fonte confiável de informações sobre o que se passa após a morte, e devemos acreditar nos seus ensinamentos a respeito do inferno.

Embora Cristo tenha usado imagens terrenas para falar de verdades espirituais, é preciso lembrar que nenhuma dessas imagens, incluindo a do fogo eterno, correspondem necessariamente a uma descrição literal do inferno. Mas, mesmo que não haja fogo por lá, o inferno continua sendo um dos piores lugares imagináveis. Aqueles que imaginam que lá deve ser divertido porque é onde estarão todos os "pecadores descolados" deveriam rever seus conceitos.

Pecados que desgraçam a vida, como o egoísmo, a ganância, o ódio e o desejo vingativo de prejudicar outras pessoas quando nos sentimos prejudicados são apenas alguns exemplos dos males que tornam o inferno um lugar tão "infernal". No inferno, os pecadores receberão eternamente a única coisa com que mais se importaram na sua existência terrena: eles próprios. O Papa São João Paulo II afirmou:

> As imagens do inferno que nos são apresentadas pela Escritura Sagrada precisam ser interpretadas da maneira correta. Elas demonstram a total frustração e o vazio de uma vida sem Deus. Mais do que um lugar, o inferno designa o estado daqueles que por vontade própria se separam definitivamente de Deus, a fonte de toda a vida e de toda a alegria[190].

O inferno dura para sempre?

O aspecto mais assustador do inferno é o seu caráter eterno. O *Catecismo* afirma: "A principal pena do inferno consiste na separação eterna de Deus, o único em Quem o homem pode ter a vida e a felicidade para que foi criado e a que aspira" (CIC, parágrafo 1.035). Jesus nos ensinou que o inferno não é temporário, dura para sempre. Ele afirmou que aqueles que forem condenados "irão para o castigo eterno, e os justos para a vida eterna" (Mateus 25, 46)[191].

Há quem defenda o argumento de que, se Deus fosse justo, o inferno seria temporário e as pessoas poderiam "se autotrabalhar" para sair dele. Mas não há autotrabalho no mundo que livre alguém do inferno, assim como nenhum autotrabalho pode garantir a ida para o céu. A salvação é um presente de Deus que nós "pomos em ação" durante esta vida (Filipenses 2, 12), perseverando na fé que opera pela caridade (Gálatas 5, 6) até o fim de nossas vidas (Mateus 10, 22). O único momento em que nos é possível aceitar esse presente, ou essa oferenda gratuita da graça de Deus, é durante as nossas vidas terrenas. Quando a morte vem, as escolhas feitas nesta vida selam para sempre o destino que teremos dali em diante (Hebreus 9, 27).

Além do mais, um inferno temporário seria algo tremendamente injusto. Como o céu inclui êxtase e felicidade eternos ao lado de Deus, seja qual for o tempo que a pessoa passar no inferno, ele sempre parecerá ter durado apenas uns poucos segundos comparado à felicidade infinita que estará aguardando no céu. Algo assim seria como dizer a uma criança que acabou de quebrar o braço do irmão de propósito que ela terá que ficar de castigo por trinta segundos para depois poder passar o resto do dia no parque de diversões.

O caráter eterno do inferno também pode se dever ao fato de os condenados continuarem no pecado e na rejeição a Deus após a morte. Nesse caso, o seu castigo é eterno porque *eles* fazem com que seja assim e não podem agir de outra forma. Se você já conviveu com uma pessoa autocentrada, sabe como é angustiante para ela estar perto de alguém que seja mais admirado pelos outros. Talvez os condenados ao inferno amem tanto a si próprios e aos seus pecados que o amor generoso de Deus lhes parece insuportável. Pode ser até que permaneçam no inferno por escolha, achando que deve ser melhor do que estar no céu.

O inferno é injusto?

Muitas pessoas perguntam como um Deus amoroso pode mandar alguém para o inferno. Acontece que essa questão, por mais sincera e importante que seja, demonstra uma visão equivocada da relação que existe entre as nossas escolhas terrenas e o destino eterno. O *Catecismo* afirma: "Deus não predestina ninguém para o inferno. Para ter semelhante destino, é preciso haver uma aversão voluntária a Deus (pecado mortal) e persistir nela até o fim" (CIC, parágrafo 1.037).

E A REENCARNAÇÃO?

Depois da morte, a alma segue para o céu, para o inferno ou para o purgatório; ela não retorna à terra para habitar outro corpo ou se tornar reencarnada. Nós podemos saber disso com base em testemunhos que há nas Escrituras e na Tradição Sagrada, ou mesmo por meio do uso da razão humana.

Para começar, seres humanos não se comportam como se portassem almas que estavam vivas antes do nascimento de seus corpos. O escritor eclesiástico Tertuliano, do século III, argumentava: "Se as almas se vão em estágios diferentes da vida humana, como é possível que todas retornem uniformemente numa mesma etapa? Afinal, todos os homens recebem uma alma infantil quando nascem. Como seria possível que um homem falecido em idade avançada retornasse à vida como bebê?"[192]

Em segundo lugar, se os adeptos da teoria da reencarnação estiverem certos e as almas nunca forem criadas nem destruídas, mas simplesmente "renascerem" em outros corpos, por que a população humana vem crescendo com o passar do tempo? O crescimento só pode ser explicado pela criação de novas almas, e não pela teoria de que se trata sempre de um mesmo grupo de almas reencarnando em corpos diferentes.

Por fim, se as lembranças das vidas anteriores se perdem no momento da reencarnação, nesse caso, como dizia São Irineu, "como os defensores da reencarnação podem ter certeza de que todos nós somos almas reencarnadas?"[193] Faz muito mais sentido acreditar, como a passagem de Hebreus 9, 27 nos ensina, que "está determinado que os homens morram uma só vez, e logo em seguida vem o juízo".

O inferno não foi algo criado por Deus com o propósito de castigar arbitrariamente as pessoas. Em vez disso, os *humanos* criaram a necessidade do inferno, por causa de escolhas pecaminosas que os separam de Deus. A Bíblia ensina que Deus é amor (1 João 4, 8) e que Deus quer que todos os humanos sejam salvos (1 Timóteo 2, 4), mas o amor inclui liberdade. Deus não salva as pessoas que não querem ser salvas de seus pecados. Nas palavras do *Catecismo,* "não podemos estar em união com Deus se não escolhermos livremente amá-Lo. Mas não podemos amar a Deus se pecarmos gravemente contra Ele, contra o nosso próximo ou contra nós mesmos" (CIC, parágrafo 1.033).

Outra objeção comum ao inferno é o argumento de que é injusto castigar infinitamente alguém por um crime finito. Mas a duração do tempo que foi necessário para cometer um crime não é um indicativo de qual é a punição adequada para ele. Basta pensar que uma violação de trânsito por estacionamento em local proibido pode se dar por horas a fio, quando bastam alguns segundos para que se cometa um assassinato. É a *natureza* do crime e a *intenção* de quem o comete que importam para decidir que punição será aplicada por ele.

A REALIDADE DAS ALMAS CONDENADAS

"Podem existir pessoas que destruíram completamente o seu desejo pela verdade e a sua capacidade para o amor, pessoas para quem tudo se transformou em mentira, pessoas que viveram para o rancor e que eliminaram todo o amor que havia dentro delas. Para pessoas assim não há nada capaz de remediar o estrago, e a destruição do bem já é algo irrevogável: é a isso que nos referimos quando usamos a palavra *inferno*"[194]. – *Papa Bento XVI*

Mas haverá crimes tão graves cometidos nesta vida que realmente mereçam o castigo eterno na próxima? Muita gente se dispõe a aceitar que, embora seres humanos terríveis – como genocidas, ditadores e assassinos sádicos – mereçam de fato ir para o inferno, isso não deveria valer para pessoas comuns, para a "boa gente" que cometeu "pecados corriqueiros". Mas o que faz alguém ser uma boa pessoa?

É o fato de ela destinar 20% dos seus rendimentos para a caridade? A boa pessoa alguma vez faz fofoca sobre os outros ou deixa de cumprir uma promessa? Na epístola que escreveu aos Gálatas, São Paulo diz que pecados do dia a dia, como inveja, raiva, egoísmo, imoralidade sexual e bebedeira podem impedir que uma pessoa considerada boa de maneira geral vá para o céu (Gálatas 5, 19-20).

É fácil definir um parâmetro individual do que seja uma boa pessoa de forma que nós sempre consigamos "passar no teste", mas cumprir os parâmetros determinados por Jesus é algo mais complicado. Ele nos disse para sermos "perfeitos, assim como vosso Pai celeste é perfeito" (Mateus 5, 48). Não importa quanto possamos nos esforçar, nenhum de nós jamais será "bom o suficiente" para entrar no céu por mérito próprio. É por isso que necessitamos da dádiva da graça de Deus, para que nos transformemos não em "boas pessoas", mas no "povo de Deus", que partilha da sua vida divinal e é preparado ao longo desta vida para estar apto a receber o seu amor sem fim por toda a eternidade.

Um filho que reviveu

Nos Evangelhos, Jesus conta a parábola de um filho que vai embora de casa e esbanja o dinheiro que o pai lhe dera. Ele acaba tão pobre a ponto de quase morrer de fome, mas acha que o pai nunca vai deixá-lo voltar para casa. A sua esperança é de talvez ser admitido como servo, para que assim tenha ao menos algo para comer.

O filho então começa a jornada de volta, e Jesus nos conta: "Estava ainda longe, quando seu pai o viu e, movido de compaixão, correu-lhe ao encontro, lançou-se-lhe ao pescoço e o beijou" (Lucas 15, 20). O Pai então festeja o retorno do filho, porque, nas suas próprias palavras, "meu filho estava morto, e reviveu; tinha se perdido, e foi achado" (Lucas 15, 24).

A história é conhecida como parábola do filho pródigo. Muitas pessoas, inclusive não cristãs, já ouviram falar dela, mas há um detalhe que em geral passa despercebido: o pai vê o filho ainda longe.

Isso porque, provavelmente, ele estava vigiando os arredores todos os dias, à espera de que o filho retornasse. Imagine a alegria que deve ter sentido quando reconheceu a imagem do filho na silhueta avistada a distância – ele estava vivo, e enfim estaria nos seus braços outra vez!

Assim como o pai do filho pródigo, Deus nunca vai nos forçar a amá-lo ou a obedecer a ele. É por isso que o inferno é uma possibilidade verdadeira para aqueles que escolhem o egoísmo e o pecado em vez do amor e da santidade. Mas, assim como o pai da parábola, Deus está o tempo todo esperando que nós voltemos para casa, para os seus braços. É por isso que em 2 Pedro 3, 9 lemos que Deus é paciente conosco e que "não quer que alguém pereça; ao contrário, quer que todos se arrependam".

Por que acreditamos: inferno

- Como Deus é amor, ele nunca obtém amor e obediência à força, mas permite que as pessoas que assim escolherem vivam separadas dele por toda a eternidade, em um estado que é chamado de inferno.

- Como Deus é justo, ele castiga o mal permitindo que os pecadores impenitentes escolham o seu pecado em vez da bondade divina e da vida junto a ele.

- Como Deus é misericordioso, ele dá a todas as pessoas a oportunidade de conhecê-lo, rejeitar o pecado e escolher a vida eterna por meio de seu filho, Jesus Cristo.

POR QUE TEMOS ESPERANÇA DE IR PARA O CÉU

O famoso evangelista Billy Graham certa vez visitou uma pequena comunidade para pregar na paróquia local. Antes de ir até a igreja, ele precisava enviar uma carta para casa, e foi em busca da agência dos Correios do lugar. Ele encostou o carro na beira da via onde estava e perguntou a localização da agência a um menino que passeava com seu cachorro, que respondeu educadamente.

Graham resolveu, então, convidá-lo a ir até a igreja onde haveria a pregação e disse:

– Você vai poder me ouvir dizendo a todos como ir para o céu.

Ao que o menino simplesmente respondeu:

– Não sei se vai valer a pena. O senhor não sabia nem como chegar ao correio![195]

Como é o céu?

"Como se vai para o céu?" é uma das perguntas mais importantes que uma pessoa pode fazer. Mas a que estamos nos referindo quando falamos em "céu"?

Em alguns momentos, a Bíblia usa essa palavra para falar do firmamento, o lugar onde ficam as estrelas, o Sol e a Lua. Isso pode ser visto em passagens como Salmos 19, 1, que diz: "O céu anuncia a glória de Deus e nos mostra aquilo que as suas mãos fizeram". Em outros trechos, "céu" é o lugar da morada de Deus, como na oração do pai-nosso, quando clamamos: "Pai Nosso, que estais no céu" (Mateus 6, 9). Por fim, "céu" pode ser uma referência à morada eterna daqueles que amam a Deus. São Paulo afirma que "nossa cidadania, porém, está nos céus, de onde esperamos ansiosamente o Salvador, o Senhor Jesus Cristo" (Filipenses 3, 20, NVI-PT).

Muitas pessoas imaginam esse céu como um lugar no meio das nuvens, onde há anjos e santos tocando harpa por toda a eternidade. Mas, embora a Bíblia se valha de imagens terrenas, como banquetes de casamento, para descrever o céu, o *Catecismo* nos diz: "Este mistério de comunhão bem-aventurada com Deus e com todos os que estão em Cristo ultrapassa toda a compreensão e toda a representação" (CIC, parágrafo 1.027). Paulo, citando as promessas feitas ao profeta Isaías, afirmou: "Coisas que os olhos não viram, nem os ouvidos ouviram, nem o coração humano imaginou" (1 Coríntios 2, 9).

O conhecimento inexato que temos do céu não quer dizer que sejamos ignorantes de maneira geral a seu respeito. De acordo com o Papa São João Paulo II, "O 'céu' ou 'felicidade' na qual nos encontraremos não é uma abstração nem um local físico no meio das nuvens, mas sim um relacionamento vivo e pessoal com a Santíssima Trindade"[196].

No céu, nós não seremos anjos, mas estaremos reunidos novamente com nossos corpos terrenos e experimentaremos o contentamento físico e espiritual na presença de Deus. O *Catecismo* nos ensina: "O céu é o fim último e a realização das aspirações mais profundas do homem, o estado de felicidade suprema e definitiva" (CIC, parágrafo 1.024).

"ENTÃO CONHECEREI TOTALMENTE"

São Paulo certa vez comparou o conhecimento que temos de Deus durante a vida terrena ao conhecimento que podemos ter de nós mesmos quando olhamos o nosso reflexo em um espelho sujo de bronze. Nos tempos bíblicos, os espelhos de vidro estavam começando a ser inventados e não eram tão populares quanto os de metal polido. Paulo disse: "Hoje vemos como por um espelho, confusamente; mas então veremos face a face. Hoje conheço em parte; mas então conhecerei totalmente, como eu sou conhecido" (1 Coríntios 13, 12). Por causa do pecado e da nossa natureza como humanos decaídos, nós podemos ter apenas uma percepção indireta de Deus; o relacionamento que temos com ele ainda não tem a mesma intimidade e o êxtase que serão possíveis quando estivermos no céu.

O céu não será como uma missa que se prolongará por toda a eternidade; algo assim seria tão insuportável quanto o próprio inferno. Na verdade, qualquer atividade terrena, seja uma ida à missa, um show de rock ou um dia num parque de diversões, se tornaria infernal caso fosse prolongada por um período infinito de tempo. O céu jamais consistirá em uma série interminável de alegrias terrenas, porque essas coisas finitas não são capazes de satisfazer o nosso desejo por um contentamento perfeito e interminável.

Já Deus, que é bondade infinita em si mesmo, é a única realidade que pode nos dar a perfeição do amor e da compreensão pela qual nossos corações anseiam. No céu, os fiéis poderão adorar a Deus por toda a eternidade, sem jamais chegar a um limite ou a um ponto de estagnação do objeto da sua adoração.

Qualquer pessoa pode entrar no céu?

Diz São Paulo que, mesmo que a revelação divina por escrito não tenha sido entregue a não judeus, Deus as julgaria com base em alguma outra lei. Nas suas palavras: "Eles mostram que o objeto da lei está gravado nos seus corações, dando-lhes testemunho a sua consciência, bem como os seus raciocínios, com os quais se acusam ou se escusam mutuamente. Isso aparecerá claramente no dia em que, segundo o meu Evangelho, Deus julgar as ações secretas dos homens, por Jesus Cristo" (Romanos 2, 15-16).

Mas isso não contradiz o ensinamento de Jesus, quando ele diz que é "o caminho, a verdade e a vida" e que "ninguém vem ao Pai senão por mim" (João 14, 6)? Não, porque reconhecer que Cristo é o único meio *objetivo* pelo qual nós seremos salvos (ou seja, só Cristo tira os pecados do mundo) não quer dizer que uma pessoa não poderá ser salva se não conhecer essa verdade a respeito dele. Por exemplo, alguém pode afirmar que o soro antiofídico é a única maneira de ser salvo de uma picada de cobra, mas uma criança que tenha sido picada e receba o soro não precisa saber dessa verdade para que seja salva.

Da mesma forma, uma pessoa pode buscar "o caminho" ou "a verdade" e esforçar-se para agir na perfeição do amor sem ter consciência de que com isso estava indo, sem saber, atrás de Cristo, que é "o caminho, a verdade e a vida". Isso se aplica também a cristãos não católicos que não compreendam a necessidade trivial de receber sacramentos como a Eucaristia para obter a salvação. O *Catecismo* esclarece que "aqueles que creem em Cristo e receberam validamente o Baptismo encontram-se numa certa comunhão, embora imperfeita, com a Igreja Católica" (CIC, parágrafo 838).

Mas, se as pessoas podem ser salvas mesmo que não conheçam Jesus ou a sua Igreja, por que vamos nos dar ao trabalho de falar com elas a respeito da Fé? Não estaremos, na verdade, pondo as suas almas em risco, se lhes damos assim a chance de que venham a rejeitar o evangelho?

Considere a seguinte analogia: imagine que você está tentando ajudar pessoas a atravessar um rio parcialmente congelado. Há um nevoeiro por cima dele, e, quando as pessoas começam a caminhar pelo gelo da superfície, elas logo desaparecem de vista. Será que elas chegaram à outra margem? É *possível* que tenham chegado em segurança, mas também é possível, para não dizer provável, que muitas delas *não* tenham concluído a travessia. Digamos também que você tenha conhecimento de uma ponte por onde se pode cruzar o rio em segurança. Mesmo que a sugestão fosse rejeitada, você não escolheria contar para as pessoas sobre essa alternativa mais segura para chegar à outra margem?

Pregar o evangelho nunca põe nenhuma alma em perigo, porque não é certo que cada pessoa que nunca ouviu falar em Jesus vá automaticamente para o céu. Essas pessoas, como todos nós, estão sujeitas à tentação do pecado, e sem a graça divina é ainda mais difícil para elas resistir às mentiras do diabo. A Igreja, portanto, procura cuidar dessas pessoas e "fomenta o trabalho missionário com empenho e atenção"[197]. Foi por isso que Jesus ordenou a seus seguidores: "Ide, pois, e ensinai a todas as nações; batizai-as em nome do Pai, do Filho e do Espírito Santo" (Mateus 28, 19).

Por que acreditamos... em tudo

A minha descrição favorita do céu é a de uma homilia que eu ouvi de um diácono há mais de dez anos. Esse diácono havia passado a infância no Maine, e houve um inverno em que ele teve uma infecção de garganta muito grave e precisou ser hospitalizado. A mãe passava a maior parte do tempo em casa tomando conta dos outros irmãos, e o seu pai teve que viajar a trabalho. O menino adorava ler as cartas enviadas por ele, mas passava a maior parte do tempo sozinho na sua cama hospitalar, ouvindo o rádio ou só olhando pela janela.

Certo dia, quando ele acordou, tudo estava quieto no quarto. Não parecia haver nem sequer movimento do lado de fora, no corredor. Estava um dia bem frio, mas os raios de sol aqueciam o chão perto da janela. O menino saiu da cama, foi até ela e viu um carro estacionar ao lado de uma árvore cujas folhas estavam caindo.

Enquanto as folhas alaranjadas e marrons flutuavam suavemente até o chão, ele viu um homem descer do carro. Ele usava um terno escuro e um chapéu que fazia sombra no seu rosto. Mas, quando o sujeito olhou para cima, o menino pôde perceber que era o seu pai, que havia retornado mais cedo da viagem. O seu coração transbordou de alegria, e ele saiu disparado pelo corredor e desceu as escadas do hospital. Pulando para os braços do pai, ele gritou: "Papai, você chegou em casa!".

O diácono, então, começou a falar sobre o céu e o que as pessoas imaginam que ele seja. Ele tinha esperança de poder terminar a sua vida em casa e de poder se despedir da esposa, dos filhos e dos netos.

Na sua imaginação, um instante depois de dar o último suspiro ele estaria abrindo os olhos para ver o mesmo teto acima da mesma cama de hospital onde ficara internado quando criança (e o diácono pensava que talvez fosse estar até com um pouco de dor de garganta, por causa da purificação do purgatório). Tudo o que poderia ouvir seria a cama rangendo com seus movimentos para se levantar e pisar descalço no mesmo piso aquecido pelo raio de sol que entrava pela janela.

Com as mãos espalmadas na vidraça fria, ele veria outra vez as folhas caindo devagar e seu pai – só que agora seria o Pai celestial. E ele sairia em disparada. O corpo daria um salto, como se ele tivesse voltado a ter dez anos de idade, e quando desse o abraço sentiria o calor do amor todo-poderoso de Deus. Lutando para conter o transbordamento das suas emoções, o diácono o agarra bem firme, sem querer soltar nunca mais, e exclama: "Papai, eu cheguei em casa!".

É por isso que nós somos católicos. Não para seguir regras ou rituais arbitrários, mas para voltar para casa. Todo mundo sabe, lá no fundo, que o pecado feriu o relacionamento que temos com Deus e uns com os outros. Nós somos católicos porque queremos abrir mão das promessas vazias do pecado e confiar nas promessas que Deus fez à sua família, unida a ele pelo laço da Igreja que seu Filho nos deu.

Se você anda afastado da Igreja, seja pelo tempo que for, ou se nem é católico, eu deixo um convite para que experimente o amor de Deus e descubra o plano que ele tem para a sua vida na Igreja Católica. Eu convido você a voltar para casa.

Por que acreditamos: céu

- O céu é o estado de contentamento perfeito no qual adoraremos a Deus e repousaremos junto a ele por toda a eternidade.
- Deus julgará as pessoas a partir da revelação que foi recebida por elas, e a sua oferta de salvação é estendida a todo o mundo, até mesmo a quem nunca ouviu falar em Cristo ou na sua Igreja.
- Por amor ao próximo, os cristãos são chamados a pregar o evangelho ao mundo inteiro, a fim de que qualquer pessoa possa desenvolver uma relação próxima com Jesus Cristo e encontrar a salvação por meio da sua Igreja.

Como se tornar católico

Se você (ou alguém do seu círculo de conhecidos) está interessado em se tornar católico, procure a paróquia católica mais próxima e pergunte sobre o RICA, Rito da Iniciação Cristã de Adultos. Esse movimento sempre esteve presente de alguma maneira, desde os primeiros tempos da Igreja, para preparar os adultos e crianças maiores para ingressar no caminho da Fé. Ele também está disponível para católicos que por algum motivo tenham se afastado das práticas religiosas e queiram retornar, ou que simplesmente desejem aprender mais.

Esses futuros católicos são chamados de catecúmenos, palavra que significa "aquele que é instruído". O pároco local ou coordenador de educação religiosa poderá determinar o nível de instrução necessário a cada catecúmeno, mas de modo geral todos serão estimulados a ingressar em um processo educativo que inclui:

A primeira evangelização: período que permite que os convertidos em potencial aprendam sobre a Igreja Católica, frequentando a missa, praticando a adoração ao Senhor, tendo encontros com um padre ou pessoa versada no catolicismo ou mesmo acompanhando a programação da estação de TV ou rádio católica local. Acima de tudo, o catecúmeno precisa rezar para que seja orientado pelo processo do RICA, de modo a desenvolver um relacionamento pessoal com Deus por meio de seu filho, Jesus Cristo.

O catecumenato: o buscador que pretende se tornar católico passa pelo rito de admissão. Para tanto, ele precisa escolher um católico praticante para ser seu padrinho, a pessoa incumbida de lhe dar orientação e apoio ao longo de sua jornada e que estará presente quando forem ministrados os sacramentos da iniciação.

A catequese: o catecúmeno recebe formalmente as doutrinas da Fé e é instruído sobre como levar uma vida cristã. Essa etapa culmina com o Rito da Eleição, pelo qual a Igreja reconhece formalmente o desejo de a pessoa se tornar católica.

Os sacramentos da iniciação: para a maior parte das pessoas, o processo do RICA chega ao ápice durante a época da Vigília Pascal, quando os catecúmenos não cristãos recebem o batismo, a confirmação e a Eucaristia. Catecúmenos vindos de outras denominações cristãs e que já foram batizados recebem apenas a confirmação e a Eucaristia. Essa é uma ocasião festiva, uma celebração de como Deus conduz seus filhos à plena comunhão com a Igreja de Cristo, "una, sagrada, católica e apostólica".

Como fazer a confissão

Se você é católico, tem a chance de estar em paz com Deus confessando seus pecados no sacramento da reconciliação, que muitas vezes é chamado de confissão. Antes de receber esse sacramento, entenda que Deus não deseja que ninguém se sinta péssimo por estar em pecado: a sua ideia é nos libertar dele. Mas, para que isso aconteça, nós precisamos nos arrepender, ou seja, dar as costas ao pecado para nos voltarmos para Cristo. E a única maneira de rejeitar nossos pecados é se os identificarmos e expressarmos pesar a Deus por tê-los cometido.

No sacramento da reconciliação, você pode confessar qualquer pecado, mas deve obrigatoriamente confessar todos os pecados mortais que tiver cometido – todas aquelas ações gravemente perniciosas que você escolheu deliberadamente empreender, mesmo sabendo que era errado fazer isso. Esses pecados interrompem o nosso relacionamento com Deus, e é por isso que precisamos buscar o perdão por tê-los cometido. Uma maneira de determinar se você cometeu algum pecado mortal é fazendo um "exame de consciência". Trata-se de um guia prático, que pode ser facilmente encontrado on-line, com uma série de perguntas que nos ajudam a perceber se cometemos pecados mortais. Veja a seguir a lista com alguns exemplos de pecados que podem ser mortais e que, por isso, devem ser confessados:

1. Negar que Deus existe ou rejeitar a fé católica.
2. Usar o nome de Deus em vão ou deixar de ir à missa no domingo ou em outros Dias Santos.
3. Desrespeitar ou negligenciar o cuidado com os seus pais.
4. Assassinato, aborto ou ódio intenso a outras pessoas.
5. Adultério, sexo fora do casamento, uso de anticoncepcionais ou de pornografia, casar-se fora da Igreja ou praticar comportamentos homossexuais.
6. Roubo que prejudique seriamente alguém.
7. Mentiras ou mesmo fofocas que prejudiquem seriamente alguém.

Depois de ter feito o exame de consciência, você está pronto para receber o sacramento da confissão. A maior parte das igrejas católicas costuma oferecer esse sacramento em um dia determinado da semana, e essa informação costuma estar no *site* da igreja ou ser fornecida por telefone pela administração da paróquia. Na própria igreja, em geral há uma sala reservada, com placas indicando que aquele é o lugar para as confissões. Não se preocupe se faz muito tempo desde a sua última confissão, ou mesmo se você nunca se confessou antes. O padre sempre irá ajudá-lo com as partes com que você não estiver familiarizado, mas vale a pena ter em mente a lista das etapas básicas:

1. Introdução: você poderá falar diretamente diante do padre ou de trás de uma cortina, para garantir o anonimato. Comece dizendo: "Perdoai-me, Senhor, porque eu pequei. Faz [insira aqui o período] desde a minha última confissão".

2. Confissão: de maneira simples e direta, enumere os pecados cometidos e quantas vezes os cometeu. Não se preocupe em explicar detalhes desnecessários ou por que agiu como agiu; você só precisa dizer ao padre que pecou e que está sinceramente arrependido por isso. Se não consegue se lembrar de quantas vezes cometeu um pecado, faça uma estimativa. Se estiver precisando de um aconselhamento adicional, você poderá ligar para a administração da paróquia e marcar um horário para ser atendido pelo padre e conversar mais profundamente com ele.

3. Contrição: o padre pedirá, então, que você diga o Ato de Contrição. Muitos católicos o dizem assim: "Meu Deus, porque sois infinitamente bom e Vos amo de todo o meu coração, pesa-me de Vos ter ofendido e, com o auxílio da Vossa divina graça, proponho firmemente emendar-me e nunca mais Vos tornar a ofender. Peço e espero o perdão das minhas culpas pela Vossa infinita misericórdia. Amém".

Não se preocupe em decorar as palavras, pois geralmente essa oração fica afixada no confessionário para que possa ser recitada (embora seja uma boa oração para se ter de cor).

4. Penitência: o padre lhe dará uma sugestão do que fazer, como uma série determinada de orações, para compensar as consequências dos seus pecados. Apenas Cristo pode redimir as consequências dos nossos pecados na eternidade, mas nossos atos e orações podem compensar o mal causado por nossos pecados nesta vida. Procure se recordar da penitência que lhe foi dada e trate de cumpri-la logo após a sua confissão.

5. Absolvição: o padre então recitará a oração de absolvição, por meio da qual Deus perdoará os seus pecados. Em geral, ela será assim: "Deus, Pai de misericórdia, que, pela morte e ressurreição de seu Filho, reconciliou o mundo consigo e enviou o Espírito Santo para a remissão dos pecados, te conceda, pelo ministério da Igreja, o perdão e a paz. E eu te absolvo dos teus pecados, em nome do Pai, do Filho e do Espírito Santo. Amém". Você deve responder, dizendo: "Amém".

6. Conclusão: ao final, o padre provavelmente dirá algo como: "Vá em paz", e você pode responder dizendo: "Amém" ou "Graças a Deus".

ORAÇÕES CATÓLICAS MAIS COMUNS

SINAL DA CRUZ
Em nome do Pai, do Filho e do Espírito Santo. Amém.

PAI-NOSSO
Pai nosso que estais nos céus, santificado seja o vosso nome; venha a nós o vosso reino; seja feita a vossa vontade, assim na terra como no céu. O pão nosso de cada dia nos dai hoje; perdoai-nos as nossas ofensas, assim como nós perdoamos a quem nos tem ofendido; e não nos deixeis cair em tentação, mas livrai-nos do mal. Amém.

AVE-MARIA
Ave, Maria, cheia de graça! O Senhor é convosco. Bendita sois vós entre as mulheres e bendito é o fruto do vosso ventre, Jesus. Santa Maria, Mãe de Deus, rogai por nós, pecadores, agora e na hora de nossa morte. Amém.

GLÓRIA
Glória ao Pai, ao Filho e ao Espírito Santo! Como era no princípio, agora e sempre. Amém.

PROFISSÃO DE FÉ DOS APÓSTOLOS
Creio em Deus, Pai Todo-Poderoso, criador do céu e da terra. E em Jesus Cristo, seu único Filho, Nosso Senhor, que foi concebido pelo poder do Espírito Santo; nasceu da Virgem Maria; padeceu sob Pôncio Pilatos; foi crucificado, morto e sepultado; desceu à mansão dos mortos; ressuscitou ao terceiro dia; subiu aos céus; está sentado à direita de Deus, Pai Todo-Poderoso, de onde há de vir a julgar os vivos e os mortos. Creio no Espírito Santo; na Santa Igreja Católica; na comunhão dos Santos; na remissão dos pecados; na ressurreição da carne; na vida eterna. Amém.

ORAÇÃO ANTES DAS REFEIÇÕES

Este pão e esta união, abençoai, Senhor! Abençoai, Senhor, a mesa deste lar, e na mesa do Céu guardai-nos um lugar! Abençoai, Senhor, a nós e a esta comida, e fazei-nos servir-vos fielmente, toda a vida. Amém.

ORAÇÃO AO ANJO DA GUARDA

Santo Anjo do Senhor, meu zeloso guardador, se a ti me confiou a piedade divina, sempre me rege, guarda, governa e ilumina. Amém.

OFERECIMENTO DA MANHÃ

Ofereço-vos, ó meu Deus, em união com o Santíssimo Coração de Jesus e por meio do Imaculado Coração de Maria, as orações, obras, sofrimentos e alegrias deste dia, em reparação de nossas ofensas e por todas as intenções pelas quais o Divino Coração está, continuamente, intercedendo em nosso favor. Eu vo-lo ofereço, de modo particular, pelas intenções do nosso Santo Padre, o Papa (...) e por toda a Igreja. Amém.

ORAÇÃO DA NOITE

Meu Deus e meu Senhor, obrigado por mais um dia de vida! Eu vos agradeço todo bem que me concedestes praticar, e vos suplico perdão e misericórdia pelo mal que cometi, em pensamentos, palavras, obras e omissões. Em vossas mãos eu entrego a minha vida e meus trabalhos, ó meu bom Pai! E enquanto eu estiver dormindo, guardai-me na vossa paz e no vosso amor! Abençoai, ó bom Jesus, esta casa, este lar, e que todos estejamos sempre de coração aberto para receber a vossa divina graça. Amém.

NOTAS

Introdução: Por que acreditamos... no que quer que seja

[1] Tessalonicenses 5, 21.

Parte 1

[2] Há poucas afirmações que são verdades *absolutas,* ou que sejam verdadeiras em todos os lugares e em todos os momentos. Isso inclui aquelas que envolvem contradições lógicas, como "não existem círculos quadrados" ou "não há solteiros que sejam casados".

[3] "Penn Jillette recebe uma Bíblia de presente", vídeo disponível no endereço www.youtube.com/watch?v=6md638smQd8.

[4] São Tomás de Aquino, *Suma Contra os Gentios,* 1, 64.

[5] P. B. Medawar, *Advice to a Young Scientist* (Nova York: Basic Books, 1979), pág. 31.

[6] Papa Bento XVI, no encontro com o clero das dioceses de Belluno-Feltre e Treviso, 24 de julho de 2007. www.vatican.va/holy_father/benedict_xvi/speeches/2007/july/documents/hf_ben-xvi_spe_20070724_clero-cadore_en.html

[7] Sheila Rabin, "Nicolaus Copernicus", com edição de Edward N. Zalta, *The Stanford Encyclopedia of Philosophy,* edição de outono de 2010, disponível em plato.stanford.edu/archives/fall2010/entries/copernicus/.

[8] Essas informações estão nas cartas escritas por Niccolini em 13 de fevereiro e 16 de abril de 1633 ao rei da Toscana.

[9] Fórum Pew de Pesquisa, do artigo "Scientists and Belief", de 5 de novembro de 2009, disponível em www.pewforum.org/2009/11/05/scientists-and-belief/.

[10] J. L. Heilbron, *The Sun in the Church: Cathedrals as Solar Observatories (Cambridge: Harvard University Press, 1999),* pág. 3.

[11] *Catecismo da Igreja Católica* (CIC), 1814. O *Catecismo* é um resumo das crenças fundamentais do catolicismo.

[12] Ver também o CIC, parágrafos 142 ao 165, para uma descrição mais completa do que é a fé sob a perspectiva católica.

[13] Esse exemplo eu devo ao filósofo Timothy McGrew.

[14] Isso tem o nome de argumento cosmológico de Kalām. Para saber mais, veja os capítulos nove e dez do meu livro *Answering Atheism* (2013).

[15] Embora o Big Bang seja ainda a teoria mais aceita, ela está incompleta. Cientistas sugeriram novos mecanismos, como o da "inflação", que podem ser os responsáveis pelas irregularidades desse modelo, como, por exemplo, o problema da planicidade e o problema do horizonte. A ciência também necessita de uma teoria quântica da gravidade para explicar a estrutura do universo no momento do Big Bang em si, pois a teoria da relatividade é incapaz de descrever a singularidade anterior ao chamado tempo de Planck, ou 10^{-43} segundos.

[16] Do artigo de Lisa Grossman "Why Physicists Can't Avoid a Creation Event", publicado na *New Scientist Magazine* em 11 de janeiro de 2012. Em seu ensaio original, Audrey Mithani e Alexander Vilenkin escrevem: "O universo teve de fato um começo? No momento, parece que a resposta para essa questão é provavelmente um sim". De Mithani e Vilenkin, "Did The Universe Have a Beginning?", Biblioteca da Cornell University, High Energy Physics – Theory, 2012, disponível em arxiv.org/abs/1204.4658.

[17] Para mais informações, ver o livro de John Farrell *The Day Without a Yesterday: Einstein, Lemaître, and the Birth of Modern Cosmology* (New York: Thunder's Mouth Press, 2005), pág. 115. Farrell observa cautelosamente: "Há alguma confusão quanto à extensão do entusiasmo de Einstein sobre a teoria do átomo primevo de Lemaître [...] Por mais encorajadora que fosse a sua postura, é pouco provável que ele visse a teoria de Lemaître como a última palavra sobre esse tema – e menos provável ainda que ele tenha empregado a palavra 'criação' para descrevê-la".

[18] Citado por Michio Kaku em seu livro *Parallel Worlds: A Journey through Creation, Higher Dimensions, and the Future of the Cosmos* (New York: Anchor Books, 2005), págs. 69 e 70.

[19] Por David Albert, em seu artigo "On the Origin of Everything: 'A Universe from Nothing by Lawrence Krauss'", publicado na seção *Book Review* do *New York Times* de 23 de março de 2012, em www.nytimes.com/2012/03/25/books/review/a-universe-from-nothing-by-lawrence-m-krauss.html?_r=0.

[20] Isso é chamado de argumento da sintonia fina. Para saber mais, veja os capítulos onze e doze do meu livro *Answering Atheism* (2013).

[21] Do livro de Alexander Vilenkin *Many Worlds in One* (New York: Hill and Wang, 2006), pág. 10.

[22] Há quem diga que o nosso universo pode ter a sintonia feita por obra do acaso se ele for um dentro de um conjunto maior de universos chamado de "multiverso". Nesse conjunto haveria trilhões de universos mortos e talvez apenas um como o nosso, onde há vida. Mas, além da falta de evidências que sustentem a existência do multiverso, existem outros problemas maiores com essa explicação para a sintonia fina. É como explica Paul Davies, um eminente físico não cristão: "Se o multiverso pode nos dar uma explicação completa e fechada para toda existência? Não exatamente. O multiverso vem com muita bagagem, como, por exemplo, um espaço e um tempo predominantes para abrigar todos os *bangs*, um mecanismo gerador de universos que os desencadeie, campos físicos para povoar os universos com coisas materiais e uma seleção de forças capazes de fazer as coisas acontecerem. Os cosmologistas abarcam essas características com a concepção de "metaleis" abrangentes que perpassam todo o multiverso e geram estatutos específicos para cada universo. As metaleis em si permanecem sem explicação – entidades eternas, imutáveis e transcendentes que existem porque simplesmente existem e devem ser aceitas como tais. Nesse aspecto, as metaleis têm o mesmo *status* de um deus não explicável e transcendente". Paul Davies, em seu artigo intitulado, em tradução livre, "As Lacunas no Big Bang de Stephen Hawking", publicado no *Guardian* de 3 de setembro de 2010 e disponível em www.guardian.co.uk/commentisfree/belief/2010/sep/04/stephen-hawking-big-bang-gap.

[23] Para simplificar, vamos assumir que a chance de conseguir uma sequência real seja de uma em um milhão (que é mais perto de uma em 650 mil). Nesse caso, a chance de ter cinquenta sequências reais seguidas seria de $(1/10^6)^{50}$, o que nos deixa com $1/10^{300}$. Esse número não chega nem perto da estimativa feita pelo físico Roger Penrose da chance de o nosso universo ter um grau de desordem baixo o suficiente para permitir a existência da vida $(1/10^{10^{123}})$. Do livro de Richard Dawkins *The God Delusion* (Nova York: Houghton Mifflin Company, 2006), pág. 147.

[24] Do artigo de Lisa Dyson, Matthew Kleban e Leonard Susskind "Disturbing Implications of a Cosmological Constant", da Biblioteca da Cornell University, High Energy Physics – Theory, 2002, disponível em arxiv.org/abs/hep-th/0208013.

[25] Aristóteles, *A Metafísica*, Livro XII.

[26] CIC, parágrafos 239, 270.

[27] Nick Vujicic, em *Life Without Limits* (Nova York: Doubleday, 2010), pág. 34.

[28] J. L. Mackie, em *The Miracle of Theism: Arguments For and Against the Existence of God* (Oxford: Oxford University Press: 1982), pág. 115.

[29] Disponível em: http://www.africa.upenn.edu/Articles_Gen/Letter_Birmingham.html.

[30] Há quem argumente que a moralidade não pode ser ancorada em Deus porque, se Deus nos mandasse fazer uma ação maldosa, como, por exemplo, torturar uma criança, ela não se tornaria moralmente aceitável só por ter sido ordenada por Deus. E que, portanto, algo além e acima de Deus precisa existir para embasar a moralidade e determinar quais ações são objetivamente maldosas. Mas, como Deus é um ser perfeito e infinito que existe sem limites e sem falhas, ele necessariamente demandará apenas

boas ações, que correspondam à perfeição da sua própria natureza. Deus jamais poderia querer que nós fizéssemos alguma coisa maldosa, porque ele é a própria benevolência e deseja que nós sejamos santos porque ele é santo (1 Pedro 1, 16). O *Catecismo,* recorrendo a uma citação de São Tomás de Aquino, nos ensina que "a onipotência divina não é, de modo algum, arbitrária: 'Em Deus, o poder e a essência, a vontade e a inteligência, a sabedoria e a justiça, são uma só e a mesma coisa, de modo que nada pode estar no poder divino que não possa estar na justa vontade de Deus ou na sua sábia inteligência'" (CIC, parágrafo 271).

[31] Jennifer Jackson, em *Ethics in Medicine: Virtue, Vice, and Medicine* (Cambridge: Polity Press, 2006), pág. 140.

Parte 2

[32] Eu devo esse *insight* ao filósofo cristão Randal Rauser.

[33] Josefo, *Antiguidades Judaicas*, 18.3.3; ver também 20.9.1.

[34] Tácito, *Anais,* 15, 44.

[35] Bart Ehrman, *Did Jesus Exist? The Historical Argument for Jesus of Nazareth* (Nova York: HarperOne, 2012), pág. 4.

[36] Extraído de "The Buddha's Farewell Address", do livro de Paul Carus *The Gospel of Buddha, Compiled from Ancient Records* (Chicago e Londres: Open Court Publishing Company, 1915).

[37] Essa cópia é chamada de Codex Sinaiticus porque foi descoberta em um monastério ao pé do Monte Sinai.

[38] Para uma defesa da confiabilidade dos Evangelhos, ver *The Historical Reliability of the Gospels* (Downers Grove, Illinois: InterVarsity Press, 2007) e *The Historical Reliability of John's Gospel* (Downers Grove, Illinois: InterVarsity Press, 2011), ambos de Craig Bloomberg.

[39] F. F. Bruce, em *The Books and the Parchments: How We Got Our English Bible* (Grand Rapids, Michigan: Fleming H. Revell Co., 1984), pág. 78.

[40] Teresa de Lisieux, em *Story of a Soul: The Autobiography of St. Thérèse of Lisieux*, 3ª edição, na tradução para o inglês de John Clarke (Washington, D.C.: ICS Publications, 1996), págs. 100 e 101.

[41] John Dominic Crossan, em *Jesus: A Revolutionary Biography* (San Francisco: HarperCollins, 2009), pág. 163.

[42] Gerd Lüdemann, em *What Really Happened to Jesus?*, com tradução para o inglês de John Bowden (Louisville, Kentucky: Westminster John Knox Press, 1995), pág. 80.

Por que somos católicos

209

[43] William Edwards, Wesley Gabel e Floyd Hosmer em seu artigo intitulado "Sobre a Morte Física de Jesus Cristo", publicado pelo *Journal of the American Medical Association*, 255, número 11 (de 21 de março de 1986), pág. 1.457.

[44] O esqueleto pertence a Yehohanan, da aldeia Giv'at Ha-Mivtar. Do artigo de Matthew W. Maslen e Piers D. Mitchell intitulado "Teorias da Medicina Sobre a Causa da Morte na Crucificação", publicado pelo *Journal of the Royal Society of Medicine*, 99, número 4 (2006), págs. 185 a 188.

[45] Gary R. Habermas e J. P. Moreland, em *Immortality: The Other Side of Death* (Nashville, Tennessee: Nelson, 1992), pág. 60.

[46] Gary R. Habermas e Antony Flew, no ensaio "My Pilgrimage from Atheism to Theism: An Exclusive Interview with Former British Atheist Professor Antony Flew," Faculty Publications and Presentations of Liberty University Paper, 2004, pág. 333.

[47] De acordo com o Sutta 11.5 do Digha Nikaya, Buda diz: "Percebendo o perigo desses milagres, eu não os aprecio, os rejeito e desprezo". Na Surata 13:7 do Corão, lemos: "E os incrédulos dizem: Por que não lhe foi revelado um sinal de seu Senhor? Porém, tu és tão somente um admoestador, e cada povo tem o seu guia". O papel de Maomé era apenas pregar sobre Alá, não fazer milagres.

[48] Gary Habermas e Michael Licona, em *The Case for the Resurrection of Jesus* (Grand Rapids, Michigan: Kregel Publications, 2004), pág. 70.

[49] São Justino, o Mártir, em *Diálogo com Trifão*, capítulo CVIII.

[50] Talmude, Sotá 3:4, 19a (citado pelo artigo "Estudo do Torá", de Rachel Keren, em *Jewish Women: A Comprehensive Historical Encyclopedia*, 20 de março de 2009, Jewish Women's Archive, disponível em http://jwa.org/encyclopedia/article/torah-study); e Talmud Rosh Hashaná, 22a.

[51] Josefo, *Antiguidades Judaicas*, 4.8.15.

[52] O Papa São Clemente, discípulo de São Pedro, escreveu em sua carta aos Coríntios que Pedro, por exemplo, "por ciúme injusto não suportou apenas uma ou duas, mas numerosas provas e, depois de assim render testemunho, chegou ao merecido lugar da glória. Por ciúme e discórdia, Paulo ostentou o preço da paciência [...] e foi martirizado diante das autoridades" (Primeira Epístola de São Clemente aos Coríntios, 5, 4-5). São Policarpo de Esmirna, que era discípulo de São João, descreve quanto Jesus suportou até a morte e exorta os fiéis da mesma forma "a exercitarem a paciência, assim como vocês têm visto diante de seus olhos, não somente no caso dos abençoados Inácio, Zózimo e Rufo, mas também no caso dos outros que estão entre vocês, no próprio Paulo, e no restante dos apóstolos" (*Epístola aos Filipenses*, 9.1). Considerando que tanto Clemente quanto Policarpo conheceram de fato os apóstolos, podemos confiar com bastante certeza nos seus testemunhos de que São Pedro e São João foram martirizados. Por fim, Josefo nos recorda de que Tiago, que ele descreve como "irmão de Jesus", foi apedrejado por ordem do sumo-sacerdote por ter transgredido a lei (*Antiguidades Judaicas*, 20.9.1).

[53] Alguns mórmons afirmam que o motivo para eles rezarem apenas ao Pai (que chamam de "Pai Celestial") é o fato de Jesus ter ensinado os discípulos a dirigir suas orações ao "nosso Pai", e por ter lhes dito: "rogai ao Pai em meu nome". Obviamente, não é porque Jesus nos mostrou uma maneira de rezar que essa seja a única maneira que existe para fazer isso. Afinal, os próprios mórmons agradecem ao Pai Celestial, mesmo que o pai-nosso ensinado por Jesus não tenha incluído agradecimentos a Deus. Aparentemente, os mórmons rezam apenas ao Pai por estarem seguindo a prescrição do Livro de Mórmon em que Jesus diz: "Deveis sempre orar ao Pai em meu nome" (3 Néfi 18-19).

[54] Os mórmons acreditam que nós (juntamente com Jesus) somos todos filhos espirituais de Deus. Mas, como um dos *sites* de apologética mórmon admite, "é tecnicamente verdade dizer que Jesus e Satã são 'irmãos', no sentido de que os dois têm o mesmo genitor espiritual, que é Deus Pai" (en.fairmormon.org/Jesus_Christ/Brother_of_Satan). A crença de que nós nos tornaremos Deuses é consequência do fato de os mórmons acreditarem que Deus e os homens pertencem à mesma espécie. Os seres humanos são simplesmente deuses menos desenvolvidos com potencial para ser "exaltados" ou tornados deuses – desde que sigam os ensinamentos da Igreja de Jesus Cristo dos Santos dos Últimos Dias. Joseph Smith diz, no sermão de King Follett: "Esta é, portanto, a vida eterna: conhecer o único Deus sábio e verdadeiro; e vocês terão que aprender como se tornar deuses, vocês mesmos, e serem reis e sacerdotes para Deus, passando de um pequeno degrau para outro, de uma capacidade menor para outra maior; de graça em graça, de exaltação em exaltação". Para saber mais, veja minha cartilha *20 Answers: Mormonism.*

[55] Em Isaías 44, 8, Deus diz: "Há outro Deus além de mim? Não conheço nenhum". Se o Deus desse mundo fosse onisciente, então ele não saberia sobre o Deus que adorava na época em que era homem? Deus também deixa claro em Isaías 43, 10: "Nenhum deus foi formado antes de mim, e não haverá outros depois de mim". Essa não pode ser uma referência a falsos deuses ou ídolos, porque muitos desses continuam a ser "formados" até os dias de hoje. Em vez disso, a Bíblia ensina que nenhum outro Deus além do Deus único e verdadeiro jamais existiu, e que nenhum outro Deus jamais vai existir. O Novo Testamento também ensina enfaticamente que só existe um Deus. Jesus descreve Deus como "Deus único" (João 5, 44) e "único Deus verdadeiro" (João 17, 3). São Paulo refere-se a Deus como "único Deus sábio" (Romanos 16, 27) e o único ser a possuir a imortalidade (1 Timóteo 6, 16).

[56] "As escrituras apontam para o Jesus Cristo ressurreto como o chefe de todos os anjos – o arcanjo Miguel". "Who is Michael The Archangel?" Awake! 8 de fevereiro de 2002, pág. 17, em http://wol.jw.org/en/wol/d/r1/lpe/102002085. No entanto, a Bíblia ensina que Jesus não é um anjo, portanto essa alegação é falsa (Hebreus 1, 4-6).

[57] O termo grego para "primogênito", *prototokos,* pode referir-se a uma posição especial que alguém tenha e que seja digna de honrarias e privilégios, e não apenas à ordem de nascimento dos irmãos. Em Salmos 89, 27, Deus diz sobre Davi: "Eu o constituirei meu primogênito, o mais excelso dentre todos os reis da terra". Obviamente, Davi não foi o primeiro rei a governar entre todos os reis da terra. Ele foi, em vez disso, elevado a uma

Por que somos católicos

posição de proeminência ou autoridade acima de todos os outros reis. Mas, da mesma forma que o primogênito entre os reis é aquele que impera sobre todos os outros reis, o primogênito de toda criação, ou Jesus, como é chamado em Colossenses 1, 15, é aquele que impera sobre toda a criação.

[58] Quando a Bíblia diz "Deus ergueu Jesus dos mortos", ela está se referindo ao Pai, ao Filho (João 2, 19-21) e ao Espírito Santo, todos reerguidos de entre os mortos. Ver também o CIC, parágrafo 648.

[59] Tertuliano, *Contra Práxeas, 2.*

[60] CIC, parágrafo 390.

[61] William G. Denver, em *Who Were the Early Israelites and Where Did They Come From?* (Grand Rapids, Michigan: Wm. B. Eerdmans), pág. 202.

[62] Jeffrey H. Schwartz, *What the Bones Tell Us* (Nova York: Henry Holt, 2015), págs. 29 e 30.

[63] Karl Keating, em *Catholicism and Fundamentalism: The Attack on Romanism by Bible Christians* (San Francisco: Ignatius Press, 1988), pág. 126.

[64] Santo Agostinho, em *Contra a Epístola dos Maniqueístas Chamada Fundamental*, pág. 5.

[65] Outro versículo que costuma ser citado em defesa da *Sola Scriptura* é a passagem de Atos 17, 11, que descreve como os judeus de Bereia "eram mais nobres do que os de Tessalônica e receberam a palavra com ansioso desejo, indagando todos os dias, nas Escrituras, se [os ensinamentos de Paulo eram verdadeiros]". Mas os judeus de Tessalônica não desconheciam as Escrituras. Eles apenas se opunham à interpretação que Paulo fizera delas, porque ele "argumentava" e "provava" a partir dela que Jesus era o Messias. Os judeus de Bereia, por outro lado, eram mais "nobres" porque tinham a mente aberta e compreenderam que as Escrituras eram um testemunho das pregações de Paulo. Lucas até mesmo reconhece que "também em Bereia tinha sido pregada por Paulo a palavra de Deus" (Atos 17, 13), o que significa que a palavra de Deus não estava restrita apenas ao texto escrito.

[66] O *Catecismo* afirma: "A Tradição de que falamos aqui é a que vem dos apóstolos. Ela transmite o que estes receberam do ensino e do exemplo de Jesus e aprenderam pelo Espírito Santo" (CIC, parágrafo 83).

[67] São Irineu, *Contra as Heresias*, 1, 10:2, 3:4:1.

[68] E ele foi definido também em face das críticas da parte dos protestantes ao cânone proposto no Concílio Ecumênico de Trento (1545-1563).

[69] Douglas Wilson, no artigo intitulado "A Severed Branch", em *Credenda Agenda* 12, nº 1, www.credenda.org/archive/issues/12-1thema.php.

[70] Eusébio, *História Eclesiástica,* 4:23:11.

[71] R. C. Sproul, em *What Is Reformed Theology? Understanding the Basics* (Grand Rapids, Michigan: Baker Books, 2005), pág. 54.

[72] Basta ver o grupo que pleiteia a remoção da passagem bíblica em que Jesus tem piedade de uma mulher acusada de adultério (João 7, 53; 8, 11), www.conservapedia.com/ Essay: Adulteress_Story.

[73] Para uma defesa do argumento de que os livros deuterocanônicos tiveram real inspiração divina, veja *The Case for the Deuterocanon: Evidence and Arguments*, de Gary Michuta (Livonia, Michigan: Nikaria Press, 2015).

[74] Para ter um exemplo, veja 2 Macabeus 12, 46.

[75] São Vicente de Lérins, em *Comonitório* 2.5.

Parte 3

[76] Santo Inácio de Antioquia, em *Epístola aos Esmirnenses*, pág. 8.

[77] Ibidem.

[78] Papa São Clemente, *Epístola aos Coríntios*, 44, 1-23.

[79] São Justino, o Mártir, *Primeira Apologia*, pág. 65.

[80] Santo Inácio de Antioquia, *Epístola aos Trálios*, 2, 1.

[81] Tertuliano, *Batismo*, pág. 1.

[82] Orígenes, *Comentário à Epístola aos Romanos*, 5, 9.

[83] São Cipriano, *A Unidade da Igreja Católica*, pág. 28.

[84] Papa São João Paulo II, *Redemptoris Missio*, pág. 52.

[85] O texto descreve o servo como um eunuco, ou seja, um homem que foi castrado para que se tornasse alguém a quem se pudesse confiar a guarda de integrantes da família real do sexo feminino e não se envolvesse sexualmente com elas. Na Antiguidade, a mesma palavra era usada também para se referir a homens impotentes ou que fossem por algum motivo incapazes de se engajar no ato sexual.

[86] João Calvino, *Tratado da Divina Predestinação*, pág. 38.

[87] Santo Agostinho, *Contra a Epístola dos Maniqueístas Chamada Fundamental*, 4, 5.

[88] J. N. D. Kelly, *The Oxford Dictionary of the Popes* (Oxford: Oxford University Press, 1996), pág. 1.

[89] Não é verdade que Pedro fez referência a si próprio como "um ancião como eles" e não como "papa" em 1 Pedro 5, 1? Sim, mas nessa passagem ele está dando um exemplo da humildade que procurava encorajar os outros sacerdotes a praticarem. Ele escreve, no versículo 5 do mesmo capítulo, "revesti-vos de humildade", e exaltar o próprio *status* seria contradizer essa mensagem. Dirigir-se à sua audiência como um ancião falando aos "anciãos entre vós" não invalida sua posição de liderança, da mesma maneira que o presidente não invalida sua própria autoridade ao dirigir-se ao público como "meus companheiros americanos". Além disso, São

Paulo muitas vezes descrevia a si mesmo como um mero diácono (1 Coríntios 3, 5; 2 Coríntios 11, 23), e chegou até a afirmar que era "o mais insignificante dentre todos os santos" (Efésios 3, 8) – mas nada disso tirava a sua autoridade como apóstolo.

[90] Craig Keener, *The Gospel of Matthew: A Socio-Rhetorical Commentary* (Grand Rapids, Michigan: Wm. B. Eerdmans, 2009), pág. 426.

[91] Muitas pessoas usam uma suposta citação do Papa Leão X (1513-1521), que teria dito: "Quão lucrativa a fábula de Cristo tem sido para a nossa companhia" como evidência de que esse papa medieval seria o Anticristo, uma vez que ele acreditava que Jesus era um mito criado para justificar a existência de uma Igreja sedenta de poder. O único problema é que, embora essa citação remonte ao século XVI, a frase nunca foi dita por Leão X. Ela na verdade integra a obra satírica do dissidente protestante John Bale intitulada *The Pageant of Popes,* e usá-la é uma tentativa amadora de manchar a memória do pontífice romano.

[92] Jesus dirige-se a "vós todos" usando a palavra grega *hymas* no versículo 31, mas já no trecho seguinte ele passa a usar a palavra *sou,* singular, dirigindo-se apenas a Pedro.

[93] Na situação citada, Pedro comete no máximo um equívoco de comportamento, mas não passa um ensinamento errado. Ele temia o antagonismo dos cristãos que acreditavam que a circuncisão era necessária para a salvação. Assim, estando na presença deles, ele se recusou a comer com os não circuncisados. Paulo critica Pedro por ter feito isso, mas ele próprio procurou atender ao mesmo grupo quando fez com que seu discípulo Timóteo fosse circuncisado. A atitude foi tomada para que fosse mais fácil pregar aos judeus (Atos 16, 1-3), mas o próprio Paulo chama a circuncisão de pecado grave em Gálatas 5, 2. Portanto, se o ato de ceder prudentemente a grupo de críticos não invalida a autoridade de São Paulo, não há por que pensar que isso invalidaria a de São Pedro.

[94] Thomas R. Schreiner, *Galatians* (Grand Rapids, Michigan: Zondervan, 2010), pág. 145.

[95] São Cipriano, *Epístolas,* 54.14.

[96] Eusébio, *História Eclesiástica,* 4:23:9.

[97] São Irineu, *Contra as Heresias,* 3.3.2.

[98] Próspero de Aquitânia, Relato I, disponível em sourcebooks.fordham.edu/source/attila2.asp

[99] Esse testemunho foi dado pela passageira da 3ª classe Helen Mary Mocklare, conforme publicado na edição do jornal *New York World* de 22 de abril de 1912.

[100] Joseph Pronechen, no artigo intitulado "Father Thomas Byles: God's Faithful Servant on the Titanic" da revista *National Catholic Register* de 15 de abril de 2015, disponível em www.ncregister.com/daily-news/father-thomas-byles-gods-faithful-servant-on-the-titanic.

[101] São Cipriano, *A Unidade da Igreja Católica,* pág. 28.

[102] A Igreja não ensina que as mulheres sejam inferiores aos homens e que essa é a razão para que não possam ser sacerdotisas. A sabedoria eterna de Deus aparece personificada como mulher em Provérbios 8, e na passagem de Gálatas 3, 28 Paulo afirma que em Cristo não há diferença de valor entre homens e mulheres. Ao final de sua epístola aos Romanos, São Paulo faz referência a diversas mulheres que trabalharam ao seu lado na evangelização (Romanos 16). A Igreja chega até mesmo a reconhecer que a criatura que merece ser louvada acima de todas as outras é uma mulher: Maria, a Mãe de Deus. Mas nada disso contradiz a sua prática de imitar o Cristo, que selecionou apenas homens para serem seus apóstolos, mesmo havendo muitas mulheres que apoiavam o seu ministério. Há quem diga que Jesus escolhia apenas homens porque isso era o esperado pela cultura de sua época, mas ele afrontava o tempo todo as suscetibilidades culturais do seu tempo. Era comum haver sacerdotisas nas religiões de mistério da Antiguidade, e mesmo assim São Paulo ensinou enfaticamente que as mulheres não podiam ter as mesmas posições de liderança que os homens na Igreja (1 Coríntios 11, 35). Homens e mulheres são iguais na dignidade, mas não idênticos, então faz sentido que Deus os chame para vocações diferentes.

[103] Há quem argumente que a passagem de 1 Coríntios 9, 5 é uma evidência de que Pedro tinha uma esposa no período das jornadas missionárias de Paulo. Karl Keating responde dessa maneira: "As palavras mais importantes da versão em grego dessa passagem são '*adelphaen gunaika*'. A primeira significa 'irmã', e a outra pode ser 'mulher' ou 'esposa'. Assim, a expressão se traduz como 'irmã mulher' ou 'irmã esposa', em que o termo 'irmã' não se refere ao parentesco biológico, mas sim ao relacionamento espiritual. Veja o artigo de Karl Keating "Did Peter Have a Wife", na revista *Catholic Answers Magazine* 18, n. 5, de maio de 2007, disponível em www.catholic.com/magazine/articles/did-peter-have-a-wife.

[104] A. Jones, no texto "The Gospel of Jesus Christ According to St Matthew", de *A Catholic Commentary on Holy Scripture*, editado por B. Orchard e E. F. Sutcliffe (Nova York: Thomas Nelson, 1953), pág. 885.

[105] Numa passagem anterior do Evangelho de João, Jesus usou uma metáfora envolvendo comida que foi mal compreendida pelos discípulos. Ele lhes disse que tinha alimento, o que os fez perguntar, basicamente: "Quem trouxe o almoço para Jesus?" (e talvez tivessem questionado mentalmente por que a pessoa não lhes dera de comer também). Jesus então os corrige, esclarecendo que havia usado uma metáfora, dizendo: "Meu alimento é fazer a vontade daquele que me enviou e cumprir a sua obra" (João 4, 34). Mas no capítulo 6 do mesmo evangelho, quando as pessoas começam a abandonar Jesus por causa da suposta metáfora de "comer a carne", ele não diz: "Esperem, era só uma metáfora!". Em vez disso, ele insiste no ensinamento difícil, e os discípulos permanecem ao seu lado, porque sabem que não havia ninguém mais a quem pudessem seguir que fosse lhes dar as palavras da vida eterna (João 6, 68).

[106] Santo Inácio de Antioquia, em *Epístola aos Esmirnenses*, pág. 7.

[107] J. N. D. Kelly, *Early Christian Doctrines* (Nova York: Harper Collins, 1978), pág. 440.

Por que somos católicos   215

[108] Jesus nos disse para tomarmos a Eucaristia "em sua memória" (Lucas 22, 19), mas isso não queria dizer que a Eucaristia fosse apenas uma representação simbólica da sua presença. A palavra traduzida pela expressão "em memória" é o termo grego *anamnesis,* que significa "oferecer um sacrifício memorial". Ele se refere a tornar algo presente por meio de um sacrifício, ou, nesse caso, tornar o corpo de Jesus Cristo presente quando o padre apresenta ao Pai o sacrifício único do Cristo, o nosso cordeiro pascal, sob a forma do pão e do vinho. Ver também o livro de Stephen K. Ray *Crossing the Tiber: Evangelical Protestants Discover the Historical Church* (San Francisco: Ignatius Press, 1997), pág. 210.

[109] A missa é chamada de "santo sacrifício" porque "atualiza o sacrifício único de Cristo, o Salvador, e inclui a oferenda da Igreja [...] ela representa (torna presente) o sacrifício feito na cruz" (CIC, parágrafos 1.330, 1.336). Embora na cruz Cristo tenha dito: "Tudo está consumado" (João 19, 30), isso não quer dizer que não há nada mais que precise ser feito para assegurar a nossa salvação. Em Romanos 8, 34 lemos que Cristo, nesse momento exato, intercede por nós junto ao Pai. A reapresentação do sacrifício de Cristo ao Pai não diminui em nada o efeito único e salvador desse sacrifício, da mesma forma que a intercessão feita por Cristo em nosso nome não diminui o que ele fez na cruz.

[110] *Didaquê,* pág.14. Em Hebreus 13, 10 também nos é revelado que "temos um altar do qual não têm direito de comer os que se empregam no serviço do tabernáculo", o que significa que os cristãos têm um sacrifício a oferecer a Deus. Os que "se empregam no serviço do tabernáculo" são os sacerdotes judeus no Templo, que não tinham permissão para receber o sacrifício da Eucaristia, reservado apenas aos cristãos.

[111] Peter Kreeft, no texto "What I Learned from a Muslim About Eucharistic Adoration," publicado na catholicity.com em 21 de abril de 2011.

[112] São Tarcísio, o Mártir, www.ewtn.com/library/MARY/TARCISI.htm. Citado do livro de Berchmans Bittle, *A Saint a Day According to the Liturgical Calendar of the Church* (Milwaukee: Bruce Publishing Company, 1958).

[113] "Pois a imersão na água, isso estava claro para ele, não poderia ser utilizada para o perdão dos pecados, mas como uma santificação do corpo, e isso apenas depois que a alma tivesse sido purificada pelas devidas ações". Josefo, *Antiguidades Judaicas,* 18.5.2.

[114] "Consentindo na tentação, Adão e Eva cometeram um *pecado pessoal,* mas esse pecado afeta a *natureza humana* que eles vão transmitir *num estado decaído*. É um pecado que vai ser transmitido a toda a humanidade por propagação, quer dizer, pela transmissão duma natureza humana privada da santidade e justiça originais. E é por isso que o pecado original se chama 'pecado' por analogia: é um pecado 'contraído' e não 'cometido'; um estado, não um ato" (CIC, parágrafo 404).

[115] *Didaquê,* pág. 7.

[116] São Cipriano, *Epístolas,* 64.5.

Parte 4

[117] Papa São Paulo VI, *Solemni Hac Liturgia*, pág. 19. Citado no CIC, parágrafo 827.

[118] "The Nature and Scope of Sexual Abuse of Minors by Catholic Priests and Deacons in the United States 1950-2002", pesquisa feita pela Faculdade John Jay de Justiça Criminal, Universidade de Nova York, para a Conferência de Bispos Católicos dos Estados Unidos em fevereiro de 2004, disponível em www.usccb.org/issues-and-action/child-and-youth-protection/upload/The-Nature-and-Scope-of-Sexual-Abuse-of-Minors-by-Catholic-Priests-and-Deacons-in-the-United-States-1950-2002.pdf.

[119] Electa Draper, no artigo "Scandal creates contempt for Catholic clergy" para o jornal *Denver Post* de 25 de maio de 2010, disponível em http://blogs.denverpost.com/hark/2010/05/25/scandal-creates-contempt-for-catholic-clergy/39/.

[120] Pat Wingert, no artigo intitulado "Priests Commit No More Abuse Than Other Males", para a revista *Newsweek* de 7 de abril de 2010, disponível em www.newsweek.com/priests-commit-no-more-abuse-other-males-70625.

[121] "Address of Dr. Monica Applewhite to the Irish Bishops", 10 de março de 2009, em www.themediareport.com/wp-content/uploads/2012/11/Applewhite-Ireland-Address-Bishops-2009.pdf.

[122] Elisabetta Povoledo e Laurie Goodstein, no artigo "Pope Creates Tribunal for Bishop Negligence in Child Sexual Abuse Cases", de 10 de junho de 2015, www.nytimes.com/2015/06/11/world/europe/pope-creates-tribunal-for-bishop-negligence-in-child-sexual-abuse-cases.html?_r=0.

[123] David Gibson, no artigo "10 Years After Catholic Sex Abuse Reforms, What's Changed?" para o jornal *Washington Post* de 6 de junho de 2012, disponível em www.washingtonpost.com/national/on-faith/10-years-after-catholic-sex-abuse-reforms-whats-changed/2012/06/06/gJQAQMjOJV_story.html.

[124] Thomas F. Madden, *The New Concise History of the Crusades* (Lanham, Maryland: Rowman & Littlefield Publishers, 2005), vii.

[125] Peter Lock, *The Routledge Companion to the Crusades* (Nova York: Routledge, 2006), pág. 412.

[126] Citado em *The Crusades: A Reader*, editado por S. J. Allen e Emilie Amt, 2ª edição (Toronto: University of Toronto Press, 2014), pág. 35.

[127] Thomas E. Woods Jr., no texto "The Myth of Hitler's Pope: An Interview with Rabbi David G. Dalin", para a *Catholic Exchange* de 29 de julho de 2005, disponível em catholicexchange.com/the-myth-of-hitlers-pope-an-interview-with-rabbi-david-g-dalin.

[128] Juliano, o Apóstata, *Epístola a Arsácio*.

[129] Roy Porter, *The Greatest Benefit to Mankind: A Medical History of Humanity* (Nova York: HarperCollins, 1997), pág. 88.

Por que somos católicos

[130] Anthony Fisher, *Catholic Bioethics for a New Millennium* (Cambridge: Cambridge University Press, 2012), págs. 279 e 280.

[131] A lepra hoje é chamada de hanseníase.

[132] *Butler's Lives of the Saints*, vol. 4, pág. 106.

[133] Para uma análise aprofundada dessa questão, veja o livro de Jimmy Akin *The Drama of Salvation* (San Diego, Califórnia: Catholic Answers Press, 2015), especialmente o capítulo 2.

[134] "Apesar das evidências que nos asseguram repetidamente de que a aids é transmitida apenas pelo contato sexual íntimo ou pela transfusão de sangue, pessoas na vizinhança continuam temerosas de que o vírus possa ser disseminado pelo ar. Outros desaprovam, ainda, o fato de que o lar ofereça cuidados a homens gays", trecho do artigo de Sandra G. Boodman, "Neighbors Are Fearful of Nuns' Caring for the Dying in Convent", para o jornal *Washington Post* de 12 de janeiro de 1987, B01.

[135] Mae Elise Cannon, *Just Spirituality: How Faith Practices Fuel Social Action* (Downers Grove, Illinois: InterVarsity Press, 2013), pág. 19.

[136] C. S. Lewis, *Letters to Malcolm: Chiefly on Prayer* (Nova York: Mariner Books, 2002), págs. 108 e 109. Embora Lewis tivesse críticas a alguns conceitos medievais sobre o purgatório, ele corrobora a descrição do pecador feita no poema do Cardeal Newman "O Sonho de Gerontius", em que ele busca pela purificação diante do trono de Deus.

[137] Ver também o CIC, parágrafos 1.855 a 1.859.

[138] Papa Bento XVI, *Spe Salvi*, pág. 47. Para um tratado mais completo sobre o bom ladrão na crucificação e a sua relação com o purgatório, veja o artigo de Jim Blackburn "Dismissing the Dismas Case" na revista *Catholic Answers* 23, n. 2, de março de 2012.

[139] Martinho Lutero, *Defesa e Explicação de Todos os Artigos*, artigo 37.

[140] Na Idade Média, um dos atos de caridade que podiam ser feitos para a obtenção da indulgência era dar dinheiro aos pobres, ou esmolas. Embora essa seja uma boa ação e uma atitude virtuosa, algumas pessoas a viam como uma mera transação, e não davam seu dinheiro com um espírito de arrependimento humilde por seus pecados. Portanto, a Igreja eliminou as esmolas como ato associado à concessão de indulgências.

[141] *Spe Salvi*, pág. 47.

[142] Há pessoas que dizem que rezar para os santos vai contra a passagem de Deuteronômio 18, 11, que proíbe o pecado da necromancia. Mas o texto se refere a usar de magia para invocar as almas dos mortos (como quando Saul invoca a alma de Samuel do reino dos mortos com ajuda da necromante de Endor, em 1 Samuel 28, 3-19). Nem sempre é errado comunicar-se com os mortos, pois sabemos que Jesus falou com Moisés no Monte da Transfiguração e Moisés já havia morrido séculos antes (Mateus 17, 3).

[143] Paulo também afirma que a morte não nos separa do amor do Cristo (Romanos 8, 39), portanto, se nós estamos todos unidos a Cristo, então estamos também ligados uns aos outros por um laço de fé e amor.

[144] William Barclay, *The Letter to the Hebrews* (Louisville, Kentucky: Westminster John Knox Press, 1976), pág. 202.

[145] Mesmo que o diabo não venha pessoalmente nos tentar e que apenas os seus demônios façam isso, é Satã que organiza pessoalmente tudo isso. Isso quer dizer que, para ser capaz de liderar o seu reino demoníaco, ele tem habilidades mentais que superam muito as dos humanos vivos neste mundo.

[146] São Clemente de Alexandria, *Miscelâneas,* 7:12.

[147] Robert Milburn, *Early Christian Art and Architecture* (Oakland, Califórnia: University of California Press, 1991), pág. 38.

[148] Elizabeth Vargas e Donna Hunter, na matéria "Miracle of Faith: The Work of a Saint?" para a rede ABC News, em 2 de abril de 2010, disponível em abcnews.go.com/2020/miracle-faith-chase-kear-recovers-fatal-accident-prayers/story?id=10239513.

[149] Quando o Deus Filho fez-se homem, ele continuou sendo uma pessoa divina, dotada de natureza divina. Ao se tornar humano, entretanto, ele assumiu uma natureza humana adicional e foi concebido no útero de Maria, que o deu à luz.

[150] Timothy George, no texto "The Blessed Virgin Mary in Evangelical Perspective" em *Mary, Mother of God*, editado por Carl E. Braaten e Robert W. Jenson (Grand Rapids, Michigan: Wm. B. Eerdmans, 2004), pág. 110.

[151] Ver *Comentário de Lutero Sobre o Magnificat.* Citado por Beth Kreitzer em seu livro *Reforming Mary: Changing Images of the Virgin Mary in Lutheran Sermons of the Sixteenth Century* (Nova York: Oxford University Press, 2004), pág. 53.

[152] João Calvino, *Harmonia dos Evangelhos de Mateus, Marcos e Lucas,* seção 39.

[153] Essa palavra é usada para descrever Abrão e seu sobrinho Lot (Gênesis 14, 14), assim como os primos de Moisés e Aarão (Levítico 10, 4).

[154] "Segundo as Escrituras e a antiga tradição judaica, Maria pertencia ao pai de seu filho – o Espírito Santo. O Espírito Santo, no entanto, não podia ser o protetor de que ela precisava; ele não poderia assinar documentos nem atuar como seu legítimo esposo. José, por outro lado, estava pronto e disposto – como ser humano deste mundo que era – a cuidar de Maria como seu esposo perante a lei". Tim Staples, em *Behold Your Mother: A Biblical and Historical Defense of the Marian Doctrines* (San Diego, Califórnia: Catholic Answers Press, 2014), pág. 247.

[155] Ibidem, págs. 83 a 103.

[156] São Irineu, *Contra as Heresias*, 3:22:24.

Parte 5

[157] *Didaquê*, pág. 2.

[158] Papa Bento XVI, *Deus Caritas Est,* pág. 28.

[159] Papa São João Paulo II, *Evangelium Vitae,* pág. 99.

[160] Ronan R. O'Rahilly e Fabiola Müller, *Human Embryology & Teratology*, terceira edição (Nova York: Wiley-Liss, 2001), pág. 8. A citação completa diz: "Embora a vida humana seja um processo contínuo, a fertilização (que, a propósito, não é um 'momento') representa um marco fundamental nele, uma vez que, sob as circunstâncias habituais, um novo organismo geneticamente distinto se forma quando os cromossomos dos pronúcleos masculino e feminino se fundem no ovócito".

[161] Algumas pessoas compreendem que o aborto é errado, mas não veem problema com o suicídio assistido. Elas dizem: "O bebê nunca teve escolha, mas uma pessoa que esteja passando por dores terríveis não deve ter permissão para morrer, se for isso o que queira fazer?". Os católicos acreditam que todo o mundo merece ser tratado dignamente e ter acesso a recursos para mitigar a dor. Pode-se até mesmo ministrar a uma pessoa que esteja em vias de falecer uma medicação anestésica que tenha como efeito colateral não pretendido a aceleração do processo natural de morte. Mas nós tiramos a dignidade das pessoas doentes se dissermos que indivíduos saudáveis merecem ser dissuadidos de ideias suicidas porque ainda têm "muita coisa para viver", enquanto os doentes ou incapacitados estarão melhor se encerrarem as próprias vidas. Ao legalizar o apoio para que alguém dê cabo da própria vida, isso põe uma pressão sobre pessoas doentes ou incapacitadas, que podem começar a sentir que são um fardo para seus entes queridos e acabar decidindo seguir o mesmo caminho. Nós praticamos a eutanásia de animais de estimação doentes ou abandonados porque, mesmo não desejando o sofrimento deles, nós sentimos que não é apropriado querer mitigar esse sofrimento utilizando medicamentos caros ou cuidados humanos intensivos. Mas *seres humanos* não deveriam poder receber a medida apropriada de cuidados humanos? É por isso que a Igreja encoraja os médicos a matar a doença ou matar a dor, mas não a matar seus próprios pacientes.

[162] Richard Stith, no artigo "Arguing with Pro-Choicers", para a publicação *First Things,* em 4 de novembro de 2006, disponível em www.firstthings.com/onthesquare/2006/11/stith-arguing-with-pro-choicer.

[163] No texto original de Stith, ele usa o exemplo de um jaguar que pulou de volta para a folhagem densa da floresta. A minha amiga e colega no movimento pró-vida Stephanie Gray foi a responsável por adaptar o mesmo argumento para o exemplo do monstro do Lago Ness.

[164] Bernard Nathanson, *The Hand of God* (Washington, D.C.: Regnery Publishing, 1996), págs. 58 a 60. Nathanson admitiu que, na época, não tinha "nenhum sentimento além da sensação de dever cumprido, do orgulho de ser perito no assunto".

[165] Bernard Nathanson, *Aborting America* (Pinnacle Books, 1981), pág. 193.

[166] Nathanson, *The Hand of God*, pág. 202.

[167] Juve Shiver, Jr., na matéria "Television Awash in Sex, Study Says", para o jornal *Los Angeles Times,* em 10 de novembro de 2005.

[168] Para esse argumento em especial, eu me baseei nos textos de Karol Wojtyla, Christopher West, Janet Smith e Alex Pruss.

[169] Karol Wojtyla, *Love and Responsibility* (San Francisco: Ignatius Press, 1993), pág. 272.

[170] Marco Aurélio, *Meditações*, 6:13.

[171] Peter Singer, *Practical Ethics* (Nova York: Cambridge University Press, 2011), pág. 2.

[172] Esse exemplo foi extraído do livro de Sherif Gergis, Robert George e Ryan Anderson *What Is Marriage? Man and Woman: A Defense* (Nova York: Encounter Books, 2012), pág. 25.

[173] Daniel T. Lichter, Katherine Michelmore, Richard N. Turner e Sharon Sassler no artigo "Pathways to a Stable Union? Pregnancy and Childbearing Among Cohabiting and Married Couples", da *Population Research and Policy Review,* 35, n. 3 (junho de 2016), págs. 377 a 399.

[174] *Código de Direito Canônico,* pág. 1.055.

[175] Wendy Wang e Kim Parker, no texto "Record Share of Americans Have Never Married", para o Centro de Pesquisas Pew, em 24 de setembro de 2014, disponível em www.pewsocialtrends.org/2014/09/24/record-share-of-americans-have-never-married/.

[176] "Em 1963, quando o presidente Lyndon Johnson lançava a sua Guerra à Pobreza, 7% das crianças nos Estados Unidos nasciam fora do casamento [...] Segundo dados do CDC, um número recorde de 40,6% das crianças vindas ao mundo em 2008 nasceram fora do casamento – ou um total de 1,72 milhão de crianças." Por Robert Rector, na matéria "National Review: Out Of Wedlock", para a National Public Radio, em 12 de abril de 2010, disponível em www.npr.org/templates/story/story.php?storyId=125848718. "A porcentagem de todos os nascimentos vindos de mulheres não casadas foi de 40,2% em 2014, abaixo dos 40,6% que haviam sido registrados em 2013 e o menor desde o ano de 2007. Esse percentual atingiu um ápice em 2009, ficando em 41,0%. No ano de 2014, as taxas de nascimentos ocorridos fora do casamento variaram amplamente entre os diversos grupos populacionais, com números desde 16,4% para mães [asiáticas e das Ilhas do Pacífico] até 70,9% para mães negras não hispânicas". Hamilton *et al.,* em "Births: Final Data for 2014", para o National Vital Statistics Reports, volume 64, número 12, de 23 de dezembro de 2015, disponível em https://www.cdc.gov/nchs/data/nvsr/nvsr64/nvsr64_12.pdf.

[177] Rose M. Kreider e Renee Ellis, "Living Arrangements of Children: 2009", para o United States Census Bureau, junho de 2011, disponível em https://www.census.gov/prod/2011pubs/p70-126.pdf.

[178] D. L. Blackwell, em "Family Structure and Children's Health in the United States: Findings from the National Health Interview Survey, 2001-2007", artigo para o National Center for Health Statistics na publicação *Vital Health Statistics* 10 (2010), pág. 246. Citado em *Family Structure*, dezembro de 2015, www.childtrends.org/wp-content/uploads/2015/03/59_Family_Structure.pdf.

[179] W. Bradford Wilcox, em "Suffer the Little Children: Cohabitation and the Abuse of America's Children", artigo para a publicação *Public Discourse* de 22 de abril de 2011, disponível em www.thepublicdiscourse.com/2011/04/3181/.

[180] Na passagem paralela de Mateus 19, 9, Jesus diz: "Todo aquele que rejeita sua mulher, exceto no caso de imoralidade sexual, e desposa uma outra, comete adultério". Estudiosos dos textos bíblicos debatem o sentido exato dessa expressão "imoralidade sexual", mas ela provavelmente se refere ao adultério que aconteça depois do período de noivado, mas antes da consumação do matrimônio, ou pode ser uma referência a casamentos sexualmente ilegítimos entre parentes próximos.

[181] No *Catecismo*, lemos que "entre batizados, 'o matrimônio ratificado e consumado não pode ser dissolvido por nenhum poder humano, nem por nenhuma causa, além da morte'. A *separação* dos esposos, permanecendo o vínculo matrimonial, pode ser legítima em certos casos previstos pelo direito canônico. Se o divórcio civil for a única maneira possível de garantir certos direitos legítimos, tais como o cuidado dos filhos ou a defesa do patrimônio, pode ser tolerado sem constituir falta moral." O texto prossegue, no entanto, afirmando mais adiante: "O *divórcio* é uma ofensa grave à lei natural. Pretende romper o contrato livremente aceito pelos esposos de viver um com o outro até a morte" (CIC, parágrafos 2.382 a 2.384).

[182] O texto completo diz: "Então Judá disse a Onã: 'Vai, toma a mulher de teu irmão, cumpre teu dever de levirato e suscita uma posteridade a teu irmão.' Mas Onã, que sabia que essa posteridade não seria dele, maculava-se por terra cada vez que se unia à mulher do seu irmão, para não dar a ele posteridade. Seu comportamento desagradou ao Senhor, que o feriu de morte também (Gênesis 38, 8-10). No Antigo Testamento, geralmente a punição por não gerar filhos para um irmão falecido (ou cumprir o dever de levirato) era a execração pública (Deuteronômio 25, 5-10). O fato de Deus ter ferido mortalmente Onã evidencia o seu desagrado pelo fato de ele ter desobedecido à sua lei, praticando a contracepção.

[183] "Known and Probable Human Carcinogens", *American Cancer Society*, em 3 de novembro de 2016, disponível em www.cancer.org/cancer/cancercauses/othercarcinogens/generalinformationaboutcarcinogens/known-and-probable-human-carcinogens.

[184] M. A. Wilson, no artigo "The Practice of Natural Family Planning Versus the Use of Artificial Birth Control: Family, Moral and Sexual Issues", para a publicação *Catholic Social Science Review, 7* (2005), págs. 185 a 211.

[185] "Holy Mass and Canonization of the Blesseds: Vincenzo Grossi, Mary of the Immaculate Conception, Ludovico Martin and Maria Azelia Guérin", versão em inglês da Homilia de Sua Santidade o Papa Francisco em 18 de outubro de 2005, disponível em w2.vatican.va/content/francesco/en/homilies/2015/documents/papa-francesco_20151018_omelia-canonizzazioni.html.

[186] Ferdinand Holböck, *Married Saints and Blesseds: Through the Centuries* (San Francisco: Ignatius Press, 2002), pág. 411.

[187] Caryle Murphy, no texto "Most Americans Believe in Heaven ...and Hell", para o Centro de Pesquisas Pew, em 10 de novembro de 2015, disponível em www.pewresearch.org/fact-tank/2015/11/10/most-americans-believe-in-heaven-and-hell/.

[188] No Antigo Testamento, a palavra "inferno" em geral é a tradução de *sheol,* a morada dos mortos. A Igreja ensina que, depois da sua Crucificação, Cristo pregou aos espíritos no *sheol* (1 Pedro 4, 6), evento mencionado na Profissão de Fé, versão dos apóstolos, pelo trecho "desceu à mansão dos mortos". A respeito desse acontecimento, o *Catecismo* diz claramente: "Jesus não desceu à mansão dos mortos para de lá libertar os condenados , nem para abolir o inferno da condenação, mas para libertar os justos que o tinham precedido" (CIC, parágrafo 633).

[189] A Geena ficava no Vale de Hinom, local citado em 2 Reis 23, 10 e em Jeremias 7, 31-32 como sendo usado para a prática do sacrifício de crianças.

[190] Papa São João Paulo II, Audiência Geral, 28 de julho de 1999.

[191] Contrariamente à visão tradicional do inferno, os "aniquilacionistas" dizem que se trata de um estágio temporário, e que Deus acabará por destruir as almas condenadas. Eles alegam que o termo grego traduzido como "eterno" nessa passagem, *aionios,* na verdade quer dizer "eras" ou "longo período de tempo" e não necessariamente implica algo para sempre. Mas o Evangelho de Mateus sempre usa essa mesma palavra para dizer "eterno". Além disso, nesse contexto Jesus está fazendo uma comparação entre a vida eterna de que os justos desfrutarão para sempre e o castigo eterno que os maus terão que suportar para sempre. A comparação perde o sentido se entendermos que os maus serão destruídos e não terão uma existência eterna assim como a dos justos. Outros afirmam que o termo grego traduzido como "castigo" ou "punição", *kolasin, é* derivado de uma palavra que significa "podar" ou "eliminar". Portanto, o inferno seria simplesmente ser separado de Deus por meio da aniquilação ou destruição. Ele não seria um castigo eterno e consciente. Mas analisar o significado de uma palavra a partir da sua etimologia pode levar a erros graves. Afinal, o termo "virtude" vem da palavra em latim "vir", que quer dizer "homem" ou "masculino", mas isso não significa que as pessoas virtuosas sejam todas "másculas". Como pode ser encontrado em qualquer dicionário de grego, *kolasin* significa apenas punição, e *kolasin aionion* quer dizer "punição eterna" ou "interminável".

[192] Tertuliano, *Tratado Sobre a Alma,* pág. 31.

[193] São Irineu, *Contra as Heresias,* II.33.1.

Por que somos católicos

[194] Papa Bento XVI, *Spe Salvi*, pág. 45.

[195] Harold Myra e Marshall Shelley, *The Leadership Secrets of Billy Graham* (Grand Rapids, Michigan: Zondervan, 2005), pág. 49.

[196] Papa São João Paulo II, Audiência Geral, 28 de julho de 1999.

[197] Papa Paulo VI, *Lumen Gentium*, pág. 16. Esse parágrafo diz também: "Tampouco a divina providência nega o auxílio necessário para a salvação àqueles que, não por culpa de sua parte, ainda não tenham alcançado um conhecimento explícito de Deus e com sua graça esforcem-se para levar uma vida no bem. Quaisquer benevolências ou verdades que haja neles serão vistas pela Igreja como uma preparação para o Evangelho. Ela sabe que é legado por Ele que a todos ilumina para que possam finalmente ter a vida. Mas com frequência os homens, ludibriados pelo Maligno, tornam-se presunçosos em seus pensamentos e trocam a verdade de Deus por uma mentira, pondo-se a serviço da criatura em vez de servir ao Criador".